中南及台湾地区博物馆

镇馆之宝

丁尧 ◎ 编著

北京大学出版社
PEKING UNIVERSITY PRESS

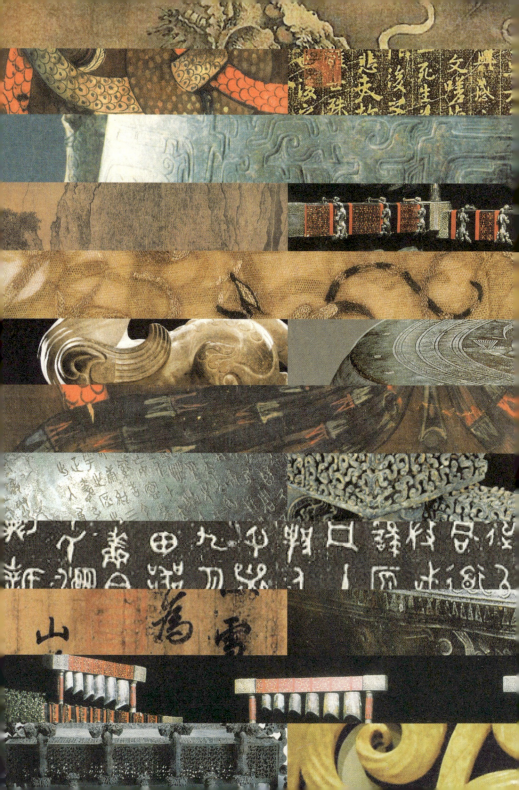

序 博物馆也在发生变化

博物馆在大家的印象中一般比较刻板，它就是用来举办展览、陈列古代文物的地方。但随着时间的推移，博物馆举办的展览变得更加让普通观众看得懂了，讲解员从展厅里走到了大家身边介绍文物知识，网络上总有一群爱好文博的活跃分子，这都说明人们与文物博物馆的距离近了，博物馆自身也在发生改变。

博物馆会邀请考古、文物方面的从业者，讲解最近新发现及又出土了哪些精彩的文物，讲述考古过程中如何与盗墓贼争分夺秒抢救文物，以专题的形式向大家报告专业人员最近研究的心得体会，这不仅让珍贵文物走下神坛与公众进行近距离对话，也让公众改变了学者们都是身处高阁潜心研究的固有印象。博物馆这十几年来，招募并培训了社会上爱好传统文化的一群人，组成了义务导览队伍，他们引领公众欣赏文物，以平实的口吻述说文物之美，也利用文博给他们搭建的交流共享平台，找到了属于自己的朋友圈子，这群不分年龄和工作背景的人们，在博物馆享受传播知识、获得快乐的别样生活。博物馆也会像旅行社一样组织文化考察旅游,博物馆组织的文化之旅与旅行社线路之间重复点较少,以历史的人文的遗迹、遗物景点为主,并且会有专家学者作为导游出场介绍历史典故讲解其中奥秘。你是不是也想参与其中,见证博物馆的改变呢?

如果说,听考古讲座需要花费时间提前做功课做笔记、做志愿者需要花费宝贵的周末时光、参加博物馆文化考察需要花费体力精力,这些都距离自己的生活比较远的话,那么还可以选择在博物馆过一个惬意的周末午后时光。花并不多的钱在博物馆餐厅与亲朋好友共进午餐,在展厅里与同伴随意欣赏几件惹人眼目的展品,走累了可以在古代绘画展廊前面的条凳上小憩,与同伴谈天说地,丝毫不会察觉对面展廊里的唐寅、仇英正在向你们致意。在向两位吴门才子领首告别后,一起走出昏暗的展厅,抬起头迎上博物馆大堂天庭投下的几缕阳光伸个懒腰,之后去茶室喝杯咖啡吃点甜点,或者去书店看看有没有新到的感兴趣的书籍,来为接下来的时日挑选一本读物,或者看看商店有没有推出新款文物创意纪念品,满足一下自己收集小东西的嗜好,不知不觉中一个与文化相伴、文艺清新的下午就这样从指边悄悄溜走。从来没有想到过博物馆的周末会如此舒适惬意吧,已经有不少人选择这样的小生活了,这都缘于博物馆自身职能向公众服务的转变,博物馆也在发生改变。

博物馆的变化,受制于所在地的经济和文化,只要给它足够的时间和宽容,一个令你满意的博物馆就会出现在家门口。

目录

河南省

河南博物院 … 4
- 贾湖骨笛 … 4
  【新石器时代裴李岗文化　镇馆指数★★★★☆】
- 莲鹤方壶 … 8
  【春秋中期　镇馆指数★★★★★】
- 云纹铜禁 … 12
  【春秋晚期　镇馆指数★★★★★】
- 汝窑天蓝釉刻花鹅颈瓶 … 15
  【北宋　镇馆指数★★★★☆】

中国文字博物馆 … 19
- 太师虘簋 … 19
  【西周　镇馆指数★★★★☆】

洛阳博物馆 … 23
- 乳钉纹铜爵 … 23
  【夏代晚期　镇馆指数★★★★☆】
- 石辟邪 … 26
  【东汉　镇馆指数★★★★☆】
- 白玉杯 … 30
  【曹魏　镇馆指数★★★★★】

殷墟博物苑 … 32
- 甲骨文 … 32
  【商代晚期　镇馆指数★★★★★】

I

三门峡市虢国博物馆	36
龙纹玉璧	36
【西周　镇馆指数★★☆☆】	
五璜组玉佩	40
【西周　镇馆指数★★★☆】	

南阳市汉画馆	44
许阿瞿墓志画像石	44
【曹魏　镇馆指数★★★★☆】	

湖北省

湖北省博物馆	52
郧县人头骨化石	52
【旧石器时代　镇馆指数★★★★☆】	
曾侯乙编钟	56
【战国　镇馆指数★★★★★】	
曾侯乙尊盘	62
【战国　镇馆指数★★★★★】	
曾侯乙冰鉴	65
【战国　镇馆指数★★★★★】	
越王勾践剑	68
【战国　镇馆指数★★★★★】	

目录

青花四爱图梅瓶   72
【元　镇馆指数★★★★★】

荆州市博物馆   77

马山一号墓丝绸   77
【战国　镇馆指数★★★★★】

熊家冢玉器   83
【战国　镇馆指数★★★★★】

大武戈   86
【战国　镇馆指数★★★☆】

凤鸟虎座鼓架   89
【战国　镇馆指数★★★☆】

随州市博物馆   92

曾国青铜器荆子鼎   92
【西周早期　镇馆指数★★★★★】

武汉市博物馆   98

诗经铜镜   98
【战国　镇馆指数★★★★☆】

湖南省

湖南省博物馆   106

青铜象尊   106
【商代晚期　镇馆指数★★★★★】

战国帛画   110
【战国　镇馆指数★★★★★】

印花绕襟深衣	114
【西汉　镇馆指数★★★★★】	

素纱禅衣　　　　　　　　　　　　118
【西汉　镇馆指数★★★★☆】

马王堆T字帛画　　　　　　　　　121
【西汉　镇馆指数★★★★★】

云纹漆案及杯盘　　　　　　　　　126
【西汉　镇馆指数★★★★☆】

江西省

江西省博物馆　　　　　　　　　134

立鹿四足青铜甗　　　　　　　　　134
【商代晚期　镇馆指数★★★★★】

羽人形玉佩饰　　　　　　　　　　138
【商　镇馆指数★★★★☆】

纪年青花釉里红楼阁式谷仓　　　　142
【元　镇馆指数★★★★★】

婺源博物馆　　　　　　　　　　147

黑釉盏　　　　　　　　　　　　　147
【南宋　镇馆指数★★★★☆】

广东省

广东省博物馆   156

陈容墨龙图轴   156
【南宋　镇馆指数★★★☆】

西汉南越王博物馆   160

错金铜虎节   160
【西汉　镇馆指数★★★★】

镂空龙凤纹玉套环   164
【西汉　镇馆指数★★★★】

玉角形杯   167
【西汉　镇馆指数★★★★】

深圳博物馆   170

海康窑褐彩牡丹纹梅瓶   170
【宋　镇馆指数★★☆☆】

广西壮族自治区

广西壮族自治区博物馆   178

翔鹭衔鱼纹铜鼓   178
【西汉　镇馆指数★★★★】

贺州市博物馆   182

兽形青铜尊   182
【战国　镇馆指数★★★★】

海南省

海南省博物馆   190

越王亓北古剑 190
【战国 镇馆指数★★★☆】

三彩马 194
【唐 镇馆指数★★★☆】

青白釉花口凤首壶 197
【宋 镇馆指数★★★☆】

台湾省

台北故宫博物院 204

范宽溪山行旅图轴 204
【北宋 镇馆指数★★★★】

沈周庐山高图轴 208
【明 镇馆指数★★★★★】

王羲之快雪时晴帖页 212
【东晋 镇馆指数★★★★★】

毛公鼎 216
【西周晚期 镇馆指数★★★★★】

散氏盘 219
【西周 镇馆指数★★★★★】

宋拓定武兰亭序 223
【晋 镇馆指数★★★★★】

参考文献 228

镇馆之宝

中南及台湾地区博物馆

河南省

He Nan

被悠久岁月熏染的河南，人文荟萃，风光旖旎。去河南走一趟，你的眼睛和头脑，都可满载而归。中原文化博大精深，源远流长。从表层看，它是一种地域文化；从深层看，它又不是一般的地域文化，而是中华民族传统文化的根源和主干，在中华文化发展史上占有突出地位。

河南，对许多国人而言，似乎不是一个热门的旅游目的地，它似乎被遗忘了。其实在河南，引人入胜、美不胜收的旅游景点，可真不少。建城已有2 700多年的开封就是中国七大古都之一，是国务院首批命名的历史文化名城。开封号称七朝古都，战国时期的魏，五代的后梁、后晋、后汉、后周及北宋和金，均在此建都。特别在北宋时，开封的繁荣兴旺达到鼎盛，风光旖旎，人文荟萃，城郭恢宏，经济发达，人口逾百万，不仅是全国政治、经济、文化中心，也是当时世界上最繁华的大都市之一。

神龙是智慧、勇敢、吉祥、尊贵的象征。河南是龙的故乡。被称为人文始祖的太昊伏羲，在今周口淮阳一带"以龙师而龙名"，首创龙图腾，实现了上古时期多个部族的第一次大融合；被称为又一人文始祖的黄帝，在统一黄河流域各部落之后，为凝聚各部族的思想和精神，在今新郑一带也用龙作为新部落的图腾。我们今天的中国人被称为"炎黄子孙"和"龙的传人",就是因此而来。从发掘出土的文物来看,河南发现的龙文物不但历史久远,而且最为正宗。濮阳蚌龙距今6 400年,是中国最早的龙形象,被考古学界誉为"中华第一龙";在"华夏第一都"偃师二里头遗址发现的大型绿松石龙形器,距今至少3 700年,被学者命名为"中国龙",等等。这些龙文化的遗存从夏、商、周到汉唐、明清一脉相承,都是中华民族龙图腾的源头,在形态上可以说都是北京故宫里各种龙形象的祖先。从中原大地产生并逐渐完善的龙形象,目前已成为中华民族的象征、中华文明的精神内核、中华民族团结的纽带和共同的精神支柱。

贾湖骨笛

【新石器时代裴李岗文化　镇馆指数★★★★☆】

贾湖骨笛，不仅远远早于美索不达米亚的乌尔古墓出土的笛子，也比古埃及第一王朝时期陶制器皿状笛子和在化妆版上刻画的类似后世阿拉伯竹笛的笛子形象早，比古埃及出现的笛子要早2 000年，被称为世界笛子的鼻祖。这一批精致骨笛，最近被专家认定为世界上最早的吹奏乐器，把中国七声音阶的历史提前到8 000年前。

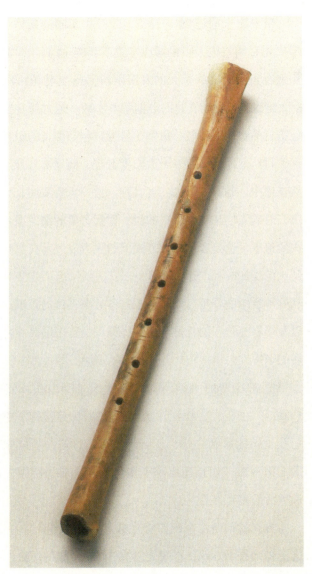

河南省 He Nan

【贾湖骨笛】

贾湖出土的近20支骨笛，分散在不同的墓葬中，其年代先后相差很大。根据地层关系和碳14测年，贾湖文化遗存可以分为3个大的发展阶段，18支骨笛可以分为3种类型，与贾湖文化的分期基本一致。通过对其中两支骨笛自然音序的比较，可知1号骨笛相邻两音的距离比较远，自然音序中只有一个大二度音程，而在2号骨笛的自然音序中，却有三个大二度音程。这一重要发展，可以看出当时的人们从对开放式的粗犷型到密集的细微型表现方式的追求，这是音乐思维方式上的重大发展。在贾湖文化延续的1 200年的历史时期中，分别制作出了能演奏四声和五声音阶的骨笛，六声及不完备七声音阶的骨笛，七声以及带有变化音的骨笛，这一过程反映了中国民族音乐发展的渐进性。

贾湖晚期的骨笛，大约在公元前6 200—公元前5 800年之间，这一时期的骨笛除了一部分保持了中期的七孔骨笛的形制之外，还出现了八孔骨笛，不仅能吹奏出七声音阶，而且还出现了变化音，反映了贾湖先民精神生活的多姿多彩。

再有就是浙江余姚河姆渡出土的新石器时期的骨哨。这批骨哨有160件，距今大约有7 000余年的历史。所谓骨哨，就是以大型禽鸟的肢骨，截去两头，在骨管上磨出一两个或两三个吹孔制成的。这种骨哨可以吹出几个简单的音。骨哨是用来诱捕猎物还是用来吹奏乐曲的，这一直是现代人思考的问题。从原始人的生产发展情况来看，骨哨可能是兼用的：既用来诱捕猎物，也可以在闲暇时吹来取乐，当然骨哨的作用还是应该以前者为主。考古发现的最早的乐器，还不是最早产生的乐器。此笛经试奏，证明是一种竖吹骨笛，也是后世竖笛或洞箫类乐器的祖型。当时的人们利用此笛吹奏出有节奏的音符，以此表达对生活的感受和对神灵的尊敬，现代音乐家们使用此笛仍能吹奏五声阶的曲子《小白菜》。

  由于贾湖骨笛是截取飞禽胫骨而得，每支骨管的长短、粗细、厚薄都不相同，骨管的形状也不甚规则，在如此不规则的异形管上计算符合于音阶关系的孔距，是很复杂的难题。贾湖先民在制作前势必会有某种计算，并在钻孔过程中一再调整，直至开出满意的音高开孔。20号骨笛留下的3处计算开孔的痕迹，使我们得以了解贾湖骨笛制作的复杂过程。究竟先民是通过怎样的方法来计算音孔位置的，这是我国数学史家和音律研究家面临的重大挑战。

  贾湖骨笛是我国迄今所见年代最早的乐器，是贾湖先民有意识、有目的、有规范地制作的成品，显示了制作技术和演奏技巧的成熟。在所有已经出土的史前音乐文物中，贾湖骨笛的地位都是无可争议的，它表明早在史前时代，中华民族的音乐文化就已经具备了相当的水平。贾湖骨笛是迄今为止中国考古发现的最古老的乐器，也是世界上最早的可吹奏乐器。

莲鹤方壶

【春秋中期　镇馆指数★★★★★】

　　壶是古代青铜酒具的一种，也是青铜礼器的重要种类之一，自商代就已有之，主要盛行于春秋战国时期。《诗经》中曾有"清酒百壶"的记载，所指的便是这类器物。其造型多种多样，有方壶、扁壶、圆壶、瓠形壶等，莲鹤方壶就是东周时期的代表器物。

　　莲鹤方壶主体部分为西周后期以来流行的方壶造型，造型宏伟气派，装饰典雅华美。壶颈两侧用回首之龙形怪兽为耳，腹部四角各攀附一立体飞龙，圈足下有两个侧首吐舌的卷尾兽，似乎在倾其全力承托重器。构思新颖，设

计巧妙。方壶通体满饰蟠螭纹，这些蟠螭纹相互缠绕，不分主次，上下穿插，四面延展，似乎努力追求一种总体上的动态平衡。

壶上物像众多，杂而不乱。神龙怪虎，神态各具。当然，方壶装饰最为精彩的乃是盖顶仰起盛开的双层莲瓣，以及伫立莲瓣中央的一只立鹤。仙鹤亭亭玉立，双翼舒展，引颈欲鸣，表现出的清新自由、轻松活泼的感觉，形神俱佳，栩栩如生。因此莲鹤方壶被专家们誉为"青铜时代的绝唱"，它说明当时郑国的工业科技水平特别是青铜器铸造工艺处于领先地位。

莲鹤方壶构图极为复杂，造型设计非常奇妙，铸作技艺卓越精湛，堪称春秋时期青铜艺术的典范之作。莲鹤方壶需要几十个奴隶同时浇铸才能完成，是多范畴合铸工艺的代表。莲鹤方壶遍饰于器身上下的各种附加装饰，不仅造成异常瑰丽的装饰效果，而且反映了青铜器艺术在春秋时期审美观念的重要变化。莲鹤方壶的艺术风格已迥然有别于殷商、西周，在盖顶莲瓣中心立一展翅之鹤，全然超出了西周从前神秘凝重的氛围，显露出清新的气息。郭沫若先生以极富文采的语言，称道"此鹤突破上古时代之鸿蒙，正踌躇满志，睥视一切，践踏传统于其脚下，而欲作更高更远的飞翔"。可以看出,他这里所描述的,既是指莲上之鹤,又是归纳了春秋时代青铜礼器之总的风格与趋向。当此之时,旧的礼制迅速崩溃,新的观念正在形成。表现在青铜艺术上,也正在开创一代新风。莲鹤方壶是时代精神之象征,标志着中国艺术风格的一个新的开端。

春秋战国时期,意识形态领域空前活跃,人们个性张扬,崇尚浪漫情怀。东周青铜器作为这一时代风貌的"物化"反映,器形由厚重变得轻灵,造型由威严变得奇巧,手法由浓厚的神秘色彩而趋向写实,装饰纹样也变得易于理解和更接近于生活。莲鹤方壶的出现,是春秋时期时代精神的象征,反映了一种新的生活观念与艺术观念,是活跃升腾的精神力量的形象体现。

以莲鹤方壶为代表的新郑彝器,还向我们展现了郑国青铜器的特征。读过《春秋》经传的人都知道,当时的郑国居于晋、楚两大国之间,朝晋暮楚,在夹缝中求生存,形势十分艰难。春秋中期以后,中原之晋,南方之楚,在文化上也各自形成中心,这也明显影响在青铜器上。李家楼郑公大墓出土的青铜器,既有接近于以晋墓出土器物为代表的中原色调,又有接近楚墓器物的楚文化因素,可以说,它是中原文化南传和楚文化北传的第一驿站。

楚地浪漫的风格，使许多受这种风格影响的器物都具有了一种流动、飞扬的韵致，这种韵致与中原商周青铜器的肃穆、威严不同，洋溢着一种运动的生命力。反映在艺术造型上，则表现出一种舒扬升腾的美感。这件莲鹤方壶正是东周这一艺术风格转变时期的代表作品。

云纹铜禁

【春秋晚期　镇馆指数★★★★★】

铜禁，是一类很少见的周代铜器。这件收藏在河南博物院的云纹铜禁，是1978—1979年发掘淅川下寺楚墓时，在一座大型墓中出土的。铜禁造型奇特，工艺精细复杂，立刻引起人们的重视。

下寺铜禁作长方体，禁的中心为平整光亮的素面，禁的四边和四个侧面饰多层立体透雕云纹。器下有十个昂首前行的虎形器足，连同器足，铜禁高达28厘米。在长107厘米，宽47厘米的禁面四侧，等距的攀附着12条龙头怪兽，头向禁面，形成群龙拱卫的壮观场面。这是一件镂空透雕、浮雕和立雕状附加饰物完美结合的青铜工艺品。

下寺二号墓为一座土坑木椁,有双漆棺的大型楚墓,其两侧有陪葬墓3座,殉葬墓16座,车马坑1座。与铜禁同墓出土的大批青铜礼器中,有编钟、编磬等乐器,其中包括七件一组列鼎的成套青铜礼器,以及兵器、车马器等。铜器铭文中出现倗、王子午等人名。有关墓主人是谁?是王子午还是薳子冯?尽管存在争论和分歧看法,但有两点认识是基本上一致的:一是墓主人的身份不是一般贵族,而是楚国的最高行政长官——令尹;二是根据铜器铭文,二号墓的年代可以断定在公元前6世纪中叶,即春秋中晚期之交。

《仪礼》、《礼记》等古籍中,曾提到过一种叫"禁"的周代青铜器,如《仪礼·士冠礼》:"两甒有禁",

【云纹铜禁】

《礼记·礼器》"天子诸侯之尊废禁、大夫士捉禁"等。按东汉人郑玄的说法，禁是一种似方案或似车厢，用来承放酒樽的器物座，贵族在饮宴或祭祀时，陈放于庙堂。这种禁仅使用于大夫、士阶层，而天子、诸侯是不使用的（"天子诸侯之尊废禁"）。大概是由于这种缘故，禁在当时高级统治阶层中并不受到重视，传世和考古发掘中的出土物也就极少了。长期以来，对它的认识仅限于承尊之器。1901年，陕西宝鸡斗鸡台出土了一批后来已大部分流失海外的西周早期青铜器，其中有一件长方形无足铜座，上置青铜酒器一壶、二卣，另有角、觚、觯各一。参照文献，可称之为禁。不过它除了承放尊外，还放置有其他的卣、觚之类的酒器，不是尊的专用器座。在这里我们想起：商末统治阶级醉生梦死，好酒奢饮无度，而致亡国。周灭商后，吸取这个教训故有周公作《酒诰》这段历史插曲。周人谓之"禁"，可能有禁戒饮酒的意思，不过只限于大夫、士以下的阶层，而天子、诸侯可不在禁戒之列。下寺铜禁出土后，我们对铜禁又有了新的认识：铜禁除了一类是无足切地的禁外，还有一类带足禁，像下寺铜禁，兽形尾多达10个。关于铜禁的使用年代，若以下寺楚墓断代为下限，可确定铜禁始于西周早期，至迟在春秋中晚期仍未淘汰。

科学工作者对下寺铜禁进行了工艺分析、发现铜禁四周攀附的龙头怪兽，禁的框边纹饰结构为多层云纹，由表层纹饰与内部多层铜梗构成复杂的空间立体镂空装饰，层次丰富，花纹精细清晰，有如发丝，同时精确度也极高。因此，有学者认为它是使用失蜡法铸造的。这件云纹铜禁不仅文物价值极高，而且在科技史上也具有重要意义，堪称国之瑰宝。

汝窑天蓝釉刻花鹅颈瓶
【北宋　镇馆指数★★★★☆】

在北宋五大名窑中，其他的窑，都很容易找到，但汝窑，就是找不到。因为它是官窑机密，地表上见不到标本，连瓷片都没有。考古工作者前后寻找了将近一个世纪，终于在平顶山市宝丰县清凉寺村发现了汝窑与汝官窑遗址。

1986年，消失近千年的汝官窑终于露出了蛛丝马迹：宝丰县清凉寺一位农民的红薯窖塌了，露出了一个完整的汝瓷洗。1987年，河南省文物考古研究所开始在清凉寺村边的麦田里进行考古挖掘。但是两个月过去了，汝官窑遗

中南及台湾地区博物馆 镇馆之宝 一

【汝窑天蓝釉刻花鹅颈瓶】

址不见踪迹。就在考古工作即将告一段落时，考古工作者在一个汝窑民窑遗址旁，意外挖出一个储藏有7件汝官瓷器物的藏坑——其中，就有这件现藏河南博物院的天蓝釉刻花鹅颈瓶。虽然发掘出7件汝官瓷，但汝官窑的中心烧造区，仍不见踪影。就在这时，因经费紧张，河南省文物考古研究所停止了在清凉寺村的考古挖掘。2000年6月，河南省文物考古研究所又一次展开大面积发掘，获得多组重要的地层叠压关系，出土一批形制比较完整且品种丰富的天青釉汝瓷和匣钵、垫饼、垫圈等窑具——神秘的千年汝官窑窑址，终于大白天下。

汝官窑天蓝釉刻花鹅颈瓶，是1987年汝官窑遗址考古发掘中获得的唯一一件完整的天蓝釉器物。汝官窑系御用窑，烧造时间极短，只在北宋晚期烧了大约20年。之后，汝窑消失，技术失传。文献记载：汝窑有"天青为贵，粉青为尚，天蓝弥足珍贵"之称。天蓝釉的形成，主要是在烧制过程中窑位与火候恰臻妙处，因此成品率极低，传世极少。到目前为止，一共发现汝官窑传世天蓝釉器物4件；而在汝官窑遗址考古发掘中，获得的天蓝釉作品，独此一件。在5件天蓝釉作品中，河南博物院收藏的这件汝官窑天蓝釉刻花鹅颈瓶，不但是唯一一件经考古工作者科学发掘所得的器物，而且是唯一一件刻花作品。

北宋时期，历任皇帝酷爱瓷器，当时瓷器烧造业空前发达，瓷窑遍布大江南北。这一时期诞生的汝、哥、官、定、钧五大名窑，其烧造工艺登上中国陶瓷之巅峰——而在这五大名窑中，专为皇宫生产御用瓷器的汝窑，又被称为五窑之魁。

中国文字博物馆

河南省 He Nan

太师虘簋

【西周　镇馆指数★★★★☆】

太师虘簋出土于 1940 年 3 月陕西扶风县任家村窖藏，属于闻名于世的西周善夫梁其和善夫吉父青铜器群，当时出土的约有百余件，目前 46 件已经有了下落，其中 27 件入藏国内博物馆，包括陕西历史博物馆、上海博物馆、故宫博物院、南京博物院、河南博物院、西安博物院等均征集到数件。太师虘簋也有颠沛流离的经历。上古青铜器收藏是古代艺术品中极其珍贵的奇葩,2005年国家文物局动用文物抢救经费从多种渠道收购了一批青铜器,其中就有太师虘簋。之后调拨给安阳中国文字博物馆收藏,成为镇馆之宝。

太师虘簋的重要价值难以估量。从工艺鉴赏的角度来看,形制矮而厚重,鼓腹,圈足,颈两侧有风格独特的兽头鋬,这个"耳朵"的造型在上万青铜器当中是唯一的。盖顶捉手作喇叭形。盖面与器腹均饰竖直纹,颈部及圈足

【太师虘簋】

上各饰粗弦纹一道，非常别致。从其史料价值来看，太师虘簋簋盖内和器底铸对铭 7 行 70 字，大意是说周王十二年正月，在日月相望的甲午日，王在周地的师量宫。天亮时，王到达宗庙的大厅，坐定位子。王呼师晨召唤太师虘入门，站立在庭院中部。王呼宰赏赐太师虘一件虎皮袍子。太师虘拜，叩头。太师虘为答谢和宣扬天子重大显赫的赏赐，就做了这件宝簋，太师虘万年永宝此簋。太师虘簋年代为西周中晚期，其造型可以体现出铸造者的一片匠心，弦纹线条的装饰设计恰恰与器形的宽侈相适应，因而给人以流畅、舒展的美感。铸于内底及盖内的对铭，章法齐整，结构均衡，字形依笔划繁简略有错落，更显得活泼。笔划圆润，起笔收笔皆藏锋，给人遒劲秀美的艺术享受。

簋常用于宴享和祭祀，其数量受身份的严格限制，天子用九鼎八簋，诸侯用七鼎六簋，卿大夫用五鼎四簋。该器物的拥有者，官居太师，属于卿大夫，因此完整的太师簋应有 4 件。西周太师虘簋共有同样 4 件，有 3 件分别收藏在北京故宫博物院、上海博物馆和国内私人藏家手中。

西周是我国文化高度发达的朝代，不幸的是它也是一个王年失落的朝代。《史记》记载了西周十二王十一代，可惜的是，司马迁也没搞清这些周王各在位多少年，以至于我们至今没法为西周的一些历史准确定位断代，模糊不清的西周历史成了历史研究的一个难题。断代依靠的是纸上材料、地下文物和天上星象。其中，以地下文物考古最为准确，因此，地下文物，尤其是有铭文的西周青铜器考古价值极高。

西周历法，多数学者认为建正为子，也就是以现在的十一月为正月，但如何置闰无人可知，只知道闰在年终，称为十三月，青铜器中还有十四月。正因为这样，年、月、月相、日干支俱全的青铜器，可以为我们提供西周历法和历史的种种蛛丝马迹。通过这些联系，我们也许就可以破解西周王年。太师虘簋正是这样一个历日四要素俱全的西周青铜器。这样的青铜器在万余件有铭文的殷周青铜器中，也不过 70 余件，这也正是太师虘簋的价值所在。

河南省 He Nan

乳钉纹铜爵

【夏代晚期　镇馆指数★★★★☆】

这件乳丁纹铜爵，高 22.5 厘米，长 31.5 厘米，器形精巧玲珑，简练朴素，当其置身于千百件精美绝伦的青铜器中时，的确是貌不惊人的，然而，它却是我国目前发现的最早的青铜酒器，是一件稀世珍品。

乳丁纹铜爵于 1975 年夏季，在河南偃师著名的"二里头文化"墓葬中出土。"二里头文化"是现知我国最早的青铜时代文化，故有学者称之为"早商文化"，也有的学者疑其即是夏代的遗存。所以，乳丁纹铜爵也就是我国青铜时代文化现存最早的青铜器了。其造型口部前有长"流"，后有尖"尾"，流口上有一对伞形短柱，腹部束腰，平底，下有细而高的三足。器身一侧附有称为鋬的把手，另一侧饰有五颗乳丁纹，乳丁纹铜爵之名即由此而得。这种乳丁纹是青铜器上最简单的纹饰，也是出现于青铜器上的最早纹样之一。

"爵"这个名称听来十分雅致，有令人听其名而即知其高贵的感觉，是贵族举行宴饮时使用的酒具，如同现代的酒杯一样。爵的名称是由宋代人定的，取雀的形状和雀的鸣叫之义。前人对爵的解释，多有附会穿凿，取其鸣声，知足节饮，恐怕是臆说。从其形制看，在举饮时并不一定很方便。现存有的爵，腹底有烟痕，应是用于煮酒之器。口上两耳正是为避免受热后提取时烫手而设，作用与鼎的双耳类似。至于长流和尾的造型，主要在使其平衡，有了长流，重心不稳，容易倾覆，于是加一个尖尾，达到平衡，又对称美观，反映了造器匠师的聪明巧思。

饮酒是一种生活爱好，如果沉湎其中，难免误事甚至误国，夏朝开国君主禹对此有清醒的认识。史载，夏臣仪

【乳钉纹铜爵】

狄"作酒而美",禹"绝旨酒而疏仪狄",并告诫臣工:"后世必有以酒亡国者"。夏禹的话在子孙身上得到了应验,末代夏王桀沉湎酒色,当时酒池之大,可以行舟,醉酒之后跌入酒池溺死的事时有发生,以至于国覆身亡,为天下笑。

爵盛行于商代,间及西周早期,这以后就消失了。早期的爵制作简朴,器身不加纹饰,即或有也很简明,胎壁也比较薄,三足较纤细,表面留有范线,相对来说制作显得粗糙。随着青铜器的发展,爵的制作与其他器物一样,也越来越精致。平底逐渐变为圈底,如卵形,腹部的装饰也越来越繁复,器壁不断加厚,三足变得壮实,口上出现了兽形器盖。有的爵甚至流、尾、腹都有扉棱,器表光洁圆润,不留铸造范痕,是爵铸造技艺精美无比的顶峰。

石辟邪

【东汉　镇馆指数★★★★☆】

1992年12月,在孟津老城油坊街村西约500米,西北距汉光武帝原陵约1千米处,正在这里修筑水渠的村民,挖至距地表约5米深处时,碰到了一个硬东西,怎么也挖不动了。原来这里堆积着不少古代石刻,包括石阙构件残段及石兽的残躯和残片等。经专家的对接复原,一件庞大的石兽呈现出来了。

这是用一块完整青石雕刻而成的雄性石兽,它高1.9米,

【石辟邪】

通长 2.9 米，重约 8 吨，石质细密坚硬，呈青灰色。它作昂首奔走的姿态，怒目竖眉，两耳斜立，张嘴伸舌，头微向左侧，脊背自然弯曲，臀部撅起，四肢与长尾立于长方形石板上，步履矫健。石兽嘴侧鬣毛上翘，身上有双翼向后高高扬起，脊背骨节凸出，四足各有四爪，前肢左足抓一小兽，小兽作仰卧翻滚状，仿佛正在尽力挣扎着要站立起来。这件石兽与人们常见的石羊、石象、石马、石狮都不同。他身生双翼，像狮子又像虎豹，到底是什么动物呢？经过多方研究认为，它就是传说中的辟邪。

世间本没有辟邪这种动物，辟邪是怎么创造出来的呢？关于辟邪的来源说法很多，苏健认为是依据我国传说中的翼兽"穷奇"发展而来的，《山海经》载：穷奇，状若虎，有翼。这种兽善于"驰逐妖邪，辟除不祥"。以后依其寓意和功能演化成辟邪的名称。辟邪一般放置在陵墓神道两侧，作为陵墓前的仪卫，可以使冥宅永安，并为墓主人灵魂升仙清除障碍。这种神兽既能去恶除鬼，长久地护墓主人灵魂不受厉鬼侵扰，也是墓主人羽化升仙的媒介，更是墓主人身份等级的标志，借以象征他们生前的权威和功绩。但是也有认为，辟邪、天禄的艺术形象具有显著的西域文化艺术特征，尤其是带有双翼，和中亚希腊化的艺术有明显的关联。除辟邪、天禄外，从西方传入中原的动物还有狮子。不管来源如何，辟邪是匠师们以丰富的遐想，融入多种动物的特征，吸收外来的因素，创造出来的祥瑞之兽。

石辟邪出土位置在东汉光武帝陵东南约1 000米，专家认为这件石辟邪应该是东汉光武帝的陵前神兽。也有专家认为，汉光武帝刘秀一向节俭，他临终前吩咐丧葬从简，但后人却在他的陵墓不远处发现这么巨大而精美的石辟邪，似乎与他的初衷不符。陵前神兽一般放置在地面上，但是这件石辟邪却出土于深沟之中，而且遍体鳞伤，这是怎么回事呢？石辟邪的不少部位因被撞击而遭到破坏，如头部的独角、右耳、上唇、下颌及长舌下段，还有左翼及尾部都有程度不同的残缺，左前足下的小兽背及头部也被破坏。从出土情况看，这件石辟邪显然是因某种缘故被移动位置推进深沟里的。是谁、什么时候破坏的目前还是未解之谜。专家推测，也许和东汉末年董卓火烧洛阳城有关，当时董卓不仅使繁华的洛阳城变成一片焦土，而且还派人毁坏过东汉帝王的陵墓。石辟邪也许就是在那个时候被董卓手下人推倒在深沟里，从此埋藏地下近2 000年。

白玉杯

【曹魏　镇馆指数★★★★★】

三国时期，中国的玉雕工艺受长期战乱影响而陷于衰微状态。同一时因通往西域的贸易中断，致使新疆玉料在内地日渐稀少，玉器的数量亦随之锐减，精美玉器极为罕见。

洛阳市博物馆收藏的三国白玉杯，称得上是该时代难得的玉器珍品。此杯玉质温润洁白，为珍贵的和田玉材雕琢。杯造型作圆体，筒身直腹，圆饼形高足，通体光素无纹。通高13厘米、径口5厘米。从加工上看玉杯的杯口、杯身、高足均切割规整，折角分明，曲线流畅优美。杯身抛光细润。虽然没有花纹装饰，整个杯形仍给人以精致完美的印象，可见雕琢此器的工匠具有相当高的水平。

三国社会推崇简朴的生活风气。魏黄初三年，文帝曹丕曾明令禁止使用"玉匣"（玉衣）殉葬，以杜绝奢靡之风。而两汉工艺美术所倡导的粗犷、豪迈的精神，在这一时期，仍具有深刻的影响。诸多因素形成了该时期玉器简朴、粗犷的风格。洛阳出土的这件玉杯，正是这一风格的真实写照。三国时期的玉器精品出土较少，从这件玉杯上

【玉杯】

可以看出，它受汉代遗风影响很深，其出色的加工技术，也是两汉高超雕玉工艺的残存。在其后的相当一段时期内，精致玉器更为罕见。中国古代玉器自东汉以后，其使用价值发生了历史性的转变，上古时期长期占据主导地位的礼仪玉、殉葬玉，此时已基本消亡，用于实际生活的生活用具、妇女装饰品开始成为玉器制造的主流。玉器由浓重的政治化、等级化开始向世俗化转化。这件玉杯在三国时出现，恰恰反映了这个变化。因此，无论在工艺史上还是物质文化史上，洛阳出土的白玉杯都占有重要的地位。

中南及台湾地区博物馆 镇馆之宝

甲骨文

【商代晚期　镇馆指数★★★★★】

甲骨刻辞,是商王朝的记事文献,因为是刻在龟甲和兽骨之上,所以称之为"甲骨文"。又因为刻辞的内容多为记述占卜和与占卜有关的,因此又称之为"卜辞"。又由于甲骨文的书写方法是用金属工具锲刻的,故还称之为"契文"。甲骨文最初出土于商王朝后期的都城遗址殷墟,今河南安阳小屯村,在清光绪二十五年(1899年)由王懿荣于偶然中发现的。王懿荣(1845—1900年)是一位金

【甲骨文】

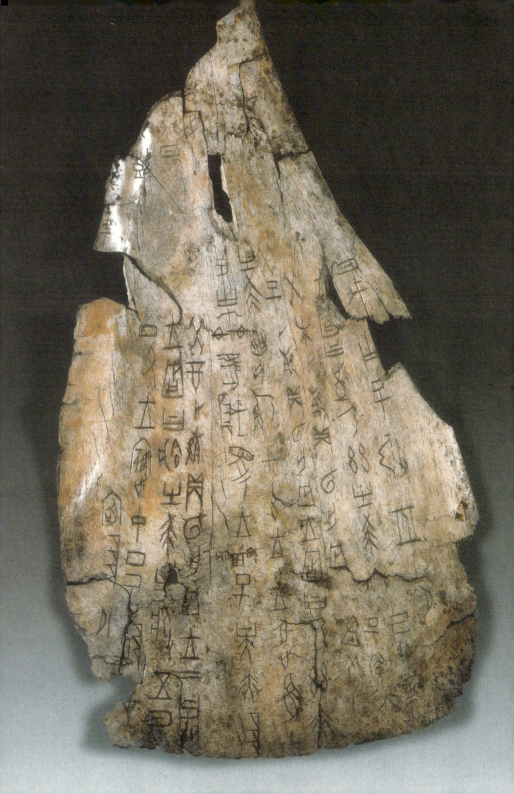

石学家,精研铜器铭文之学,任国子监祭酒(国家大学的教务长)。当时他患了疟疾,服用中药,药中有一味龙骨,王氏发现龙骨上面刻有如篆文的细小文字,立即派人到药铺问明来历,并又选了一些文字比较鲜明的龙骨全部买下。经王懿荣考证,断定是商代的卜骨,甲骨文字才重见于世。1904年,经学家、文字学家孙诒让著《契文举例》,是考释甲骨文的最早著作。1928年后又作了多次发掘,先后出土达十万余片。《甲骨文编》记载:已发现的甲骨文单字在4 500字左右,可认识的约1 700字。

祭祀狩猎涂朱牛骨刻辞,刻于一块牛脚骨上,骨版完整巨大,长32.2厘米,宽19.8厘米。正背两面均有刻辞,正面4条,100余字,背面2条,一条残缺,50余字,共180余字。文字锲刻,笔画纤细,字体端正,竖向成列,列与列排列整齐,无任何衡行和差失,显得规正严谨,似乎在锲刻之前有着精细的规划,横向不成排,字的大小全依笔画多少而定。字画内填朱,色彩鲜艳。刻辞记述了商王的祭祀狩猎活动和气象情况,内容大意为:正面第一条,商王武丁宾祭仲丁;第二条,乘车狩猎兕,子采堕车;第三条,子孜死;第四条,子寅用羌人十,举行宜祭。背面两条大意为:有云来自东,有虹自北饮于河。从文字书体特点看,此件祭祀狩猎刻辞属甲骨文断代第一期，即武丁时期。

甲骨文是迄今我国发现的最早的比较成熟成系统的文字。我们知道，文字起源于图画，也就是说文字愈古就愈像图画。甲骨文已脱离了图形的阶段，向着线形文字发展。甲骨文是东亚汉文字圈中最早的形声文字，但还没有完全定型，字体的变化仍然很大，同一个字有许多不同的形状，这正是图形文字的遗迹。因为图画是写实的，而且没有一定的形式，同时还要受书写者的爱好及手法工拙的制约，因此，写出的图形文字自然不会是尽同的。甲骨文与图画拉开了距离，奠定了文字向书法艺术发展的基调。

作为书法，甲骨文在结体和笔法上有着自己的独特体系，这与使用的书写工具和书写材料密切关联。由于书写工具是尖硬的刀，而书写材料又是硬质的龟甲和兽骨，所以，甲骨文字的笔画是硬瘦的单线，刚挺而时露锋芒。构字先横后竖，多为方正结构，笔法有方有圆，笔画转折处以方折为主。字体结构一般偏长，长短、大小也略无一定，这些都是锲刻文字的特点。从一片甲骨文字的整体看，竖行规正，行矩稍宽，字距则紧密疏朗无一定，横向也就不成列，使布局上显得疏落错综或谨密严整，再与笔画的朴劲相结合，形成一种质朴明朗、纯古可爱的风格。

三门峡市虢国博物馆

龙纹玉璧

【西周　镇馆指数★★★☆☆】

三门峡虢国墓地是20世纪50年代修建"三门峡大坝"时发现的。20世纪90年代初期，当地居民不经意间发现了古墓葬，引起了疯狂的盗墓潮。当时的三门峡文物工作者，为了抢救文物，经国家有关部门批准，进行了抢救性发掘。当时考古队先发掘了一个有十几米深盗洞的大墓，这个墓就是编号为M2009的著名的虢季墓，因未被盗，该

河南省 He Nan

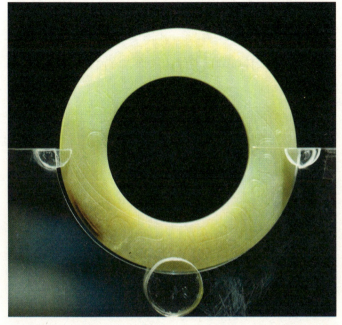

【龙纹玉璧】

墓出土了大量的精美文物,引起全国轰动。后来经过清理,出土的玉器就有700多件(组)。发掘中发现了10件用玉片做成的古人在丧葬活动中记录随葬物品的清单遣策,上面有用毛笔书写的"南仲"字样。南仲是西周宣王时的王室重臣,他能来参加葬礼,可知墓主人生前的社会地位。后来发现不少文物上有"虢仲"字样的铭文,由此断定墓主人是虢国国君虢仲。

虢仲墓中发现的龙纹白玉璧采用上好的和田白玉制成，全器直径 19.1 厘米，色白而略泛青，晶莹透润，玉璧两面均饰有变体抽象的龙纹，纹饰大方流畅而富有动感，制作十分精细，工艺非常考究。

20 世纪 50 年代开始，考古学家在三门峡市上村岭发现被历史尘封了 2 800 多年的姬姓王国，由此揭开了古虢国神秘的面纱。在 1990 年发掘的虢国国君虢仲墓里，考古队员发现了几千件玉器。这些玉器中有大型玉礼器，如玉璧、玉琮、玉圭等，还有大量的各时代的佩玉。毫不夸张地说，虢仲就是一个玉器收藏的大家。当时出土的这些玉器，以其精美绝伦的工艺和巧夺天工的制作，震惊了世界考古界，而龙纹白玉璧就是其中最珍贵的一件。

自古以来，白玉象征着"仁、义、智、勇、洁"的君子品德。在周代，"天子佩白玉"是严格有序的等级制度的具体体现。但是虢国国君虢仲只是诸侯级别，为什么会出土有龙纹白玉璧？考古人员推测说，这应该是周天子赏赐给虢仲的。原来，虢仲是虢国的国君，也是周厉王的卿士，执掌朝中大权，在征伐淮夷战争中立下汗马功劳。厉王十三年，淮夷又开始大规模骚扰周室，这一次，周厉王御驾亲征，虢仲等军事首领率部队出击，不仅击退敌人的进攻，还夺回被俘的人和被劫的财物，对周王朝各诸侯和附属国，起到了杀一儆百的作用。虢仲征伐淮夷获得了卓越战功，因而得到了周天子赏赐的龙纹白玉璧。

虢仲墓被评为1991年度"全国十大考古新发现"之一，是截至目前虢国墓地已发掘清理的形制最大、规格最高、出土器物最丰富的大墓，多组成套的铜礼器和大量的玉石器无与伦比。令人奇怪的是，虢仲是西周晚期的人，但他墓葬中出土的玉器不仅有西周的还有商代，甚至红山文化时期的，有些玉器甚至和殷墟妇好墓出土的玉器一样，这是怎么回事呢？

为何虢仲墓随葬如此多的商代玉器？专家认为这些玉器应是周灭商的战利品。《逸周书·世俘解》记载，"凡武王俘商，得旧玉亿有百万。"这些记载不断为燕国、晋国、虢国等贵族墓地出土的大量商代铜器和玉器所证实。虢仲墓出土的玉器在虢国墓地中是独一无二的。

五璜组玉佩

【西周　镇馆指数★★★★☆】

三门峡虢国墓地是西周至春秋时期虢国的公墓，那里不仅埋葬着大量的虢国男性贵族，也埋葬着许多贵族夫人，其中出土器物最精美、最为奢华煊赫的便是虢国夫人墓。这些贵族夫人墓中有一个共同点就是随葬的玉器多，质量优，组合佩饰多样。在虢国国君虢季的夫人墓中，不仅有大量的玉器单佩，还有这件最能体现其身份地位的五璜组玉佩。

五璜组玉佩，它由一件人龙合纹佩，五件形态各异的璜，368颗红色或橘红色玛瑙珠，16颗菱形料珠相间串系而成。五件玉璜自上而下排列，整组佩饰组合完整，华美无比。这不仅是国君夫人墓中出土的规格最长、组合件数最多的一组装饰性玉器，而且是最能体现墓主人身份地位的礼仪性玉器。因为整个虢国墓地共出土了3组联璜组合玉佩，其他2组都是在国君墓中出土的，能够拥有与帝王同样的高规格随葬品，足可见墓主人地位之高。然而，在五璜组玉佩出土时，由于组件已全部散落，位置也略有变动。如何将其按原貌进行复原，着实让考古人员费尽了周

河南省 He Nan

【五璜组玉佩】

折。这件色彩瑰丽、做工精湛的五璜组玉佩出土自三门峡虢国墓地，是西周虢国夫人众多随葬品中最为光彩夺目的一件珍宝。

M2012号墓所出土的五璜组玉佩，不仅是虢国夫人墓中出土的规格最长、组合件数最多的一组装饰性玉器，也是最能体现墓主人身份地位的礼仪性玉器。因为整个虢国墓地共出土了三组联璜组合玉佩，其他两组都是在国君墓中出土，就连虢国太子都没有享受这种待遇，可见拥有该玉佩是多么的荣耀。五件玉璜自上而下排列，依次是鸟纹璜、素面璜、尖尾双龙纹璜、人面双龙纹璜、双首龙纹璜。这组玉佩复原后的长度达到了64厘米，这么长的佩饰怎么佩戴呢？因为墓主人的骨架已经朽化了，不知道她的具体身高，但不管多高，这种大型多璜组玉佩饰戴起来并不轻松。但是，这还是令当时的贵族夫人趋之若鹜。其原因在于佩戴玉组佩饰后，看上去华美无比，而且走起路来玉佩轻轻撞击，声音很好听。同时，这与当时贵族所标榜的步态也有关，身份愈高，步子愈小，走得愈慢，愈显得气派出众，风度俨然。整组佩饰组合完整，制作精细，串系讲究，色彩瑰丽，是该墓出土文物的精绝之作和代表。

虢季夫人墓是三重棺椁墓，陪葬的大批青铜器都放在外棺和椁之间，但是考古工作者却在外棺内发现了两个不大的青铜小罐。其中一件青铜小罐的盖内铸有两行五字铭文。前三个字为"梁姬作"，后两个字人们认识不一。发掘者将其命名为"梁姬罐"，并认为梁姬是这座大墓的主人，梁姬为姬姓梁国女子嫁到虢国，身份为虢国国君夫人。梁姬真是虢季夫人的名字吗？梁姬是古代女性的称谓。梁姬是姬姓女子嫁到梁国之后的自称，也就是说梁姬应该是梁国的夫人。梁国的夫人死后怎么可能葬于虢国贵族的公墓内？梁姬罐应出自梁国，推测有两种可能，一是梁国转赠虢国，二是被虢国抢夺而来的。但最大的可能是梁国赠与虢国的，具体地说应是梁国国君夫人梁姬在其女儿嫁到虢国时，把心爱宝贝作为嫁妆送给了女儿，或者是梁国国君夫人梁姬专门为女儿作的媵器。正是因为这两个小罐是从娘家带来的，死后也就放在了离自己最近的地方。

南阳市汉画馆

许阿瞿墓志画像石

【曹魏 镇馆指数★★★★☆】

在河南省南阳市汉画馆所收藏的近3 000块汉代画像石刻中,有一块名为许阿瞿墓志画像石极为珍贵,它上面不仅雕刻有精美的图案,同时还锲刻有墓主人的名字和确切的纪年等文字。这是目前我国发现最早的墓志铭。

许阿瞿墓志铭画像石1973年出土于南阳市东郊的曹魏墓中,是一被疑为盗墓贼的三国人,用汉代画像石重新

河南省 He Nan

【许阿瞿墓志画像石】

筑造自己的坟墓时挪用作墓顶石。该墓志画像石长112厘米、宽70厘米,石面左方为志文,隶书,竖刻6行,满行23字,共136字,末行有16字漫漶,不能尽识。许阿瞿的墓志铭铭文为四言韵文,语句流畅生动,书法方正整齐自然,在端庄厚重中透出率真灵稚气,与该画像石风格浑然一体,再现了汉代统治阶级迷恋于"楚歌郑舞"的生活方式。当然,也有学者认为,该汉画石头也反映了东汉时期崇信鬼神的观念和迷信思想,是研究汉代社会生活和思想意识的珍贵的实物文字。从铭文中我们可以得知:墓主名叫许阿瞿,年仅五岁,一个五岁的南阳富家儿童,不幸于东汉灵帝建宁三年,即公元170年3月18日不幸夭

【许阿瞿墓志画像石】

折。悲伤的父母在其墓志铭上写道：可怜的阿瞿第一次下葬时，家里很多亲人都去吊唁，阿瞿不认识吊唁的亲戚，老是哭泣，还追随行人，惊动了行人，只好给他择地再次迁葬。阿瞿从小体弱多病，父母花费了大量金钱也没有挽回他的生命，年仅五岁就离开繁华的人世，前往漫漫长夜，再也见不到明媚的阳光，永远与家人分别。拜托逝去的先祖，能怜其幼小多加关照。阿瞿在另一个世界好好安息吧。

阿瞿的父母还在墓志铭旁边，请人刻了阿瞿生前观赏游戏的画面：上面部分是阿瞿端坐于左边榻上，旁立一仆人打扇，阿瞿面前有三个顽童，有的耍鸠，有的牵着木鸠或撑着木鸠。下面部分是给阿瞿准备的舞乐百戏，最左边一个人捧着盘子，另一个人单腿跪地，双手挥舞一剑并同时抛接四个球。中间是个美丽的女伎，挥舞长袖踏盘鼓起舞。最右边两个人，一人鼓瑟、一人吹排箫伴奏。

虽只是黑与白，但简约的画面不简单。因形象大多是动的，运动感成了画面的主导，令人陶醉于节奏美中。像剪影一样的人物，由于石刻的浑厚，绝无剪影的单薄，只显得格外强劲。这种石刻，图案以外的石面被凿去半厘米或一厘米，初看上去像是浅浮雕，但人物的鼻子、眼睛又是用阴线刻出来的，不像浮雕那样该高的高，该低的低。

镇馆之宝

中南及台湾地区博物馆

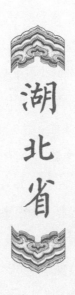

Hu Bei

万里长江九曲回肠，水涌平野，滋润了江汉平原千里沃野，而劈山穿峡，惊涛裂岸的汉江、清江滋润着荆楚大地上的古老民族，它们共同孕育了奇异的荆楚文明，创造了灿烂的荆楚文化。经过历史长河的陶冶，荆楚大地远古的文明因一个个独具特点的有形和无形的文化遗产而代代传扬，民族的"文脉"，文化的"灯盏"，散发着奇异的光辉。

楚文化，其辉煌灿烂的文化成就举世瞩目，作为楚文化重要组成部分的楚艺术品更是独步海内外，其设计形式和风格充分体现了楚人的想象力和审美意识。楚国艺术设计乃至整个楚文化的成熟是在当时特有的历史环境中产生的，追根溯源不能不与先秦时期的历史文明有关。楚，既是国名，又是族名。楚国在公元前223年被秦国灭掉，立国约有800年。20世纪60年代以来，湖北发掘了5 000余座楚墓，出土的大量文物展现了楚国社会生活的各个方面。楚文化作为先秦时期的一个区域文化，独具一格、自成一体、博大精深，是构成先秦华夏文明的重要组成部分。在湖北省博物馆集中展出的当地出土的楚文物精华，全面地展示了楚文化的辉煌。

公元前7世纪，楚文王将楚国的国都迁到位于荆州腹地的郢都，从此，开始了"楚"这个南方最大的诸侯国长达400多年的昌盛史。楚文王在这里坐拥江汉，"杯酒定两国"，娶了倾国的"桃花夫人"美人妫；楚成王在这里擎起凤凰大旗，谈笑间尽退中原各国的屡次寻衅；楚庄王在这里"一鸣惊人"、"问鼎中原"，为华夏留下了诸多成语；楚威王横扫长江中下游、直达上海，神州半壁江山尽归楚，成就了东周第一大诸侯国的辉煌。荆州博物馆的丰富馆藏里的很大一部分都与"郢都"这座大遗址不断被考古发掘有关，都与奇谲神秘的楚文化有关。

楚文化不仅以神奇驰誉，更以浪漫著称，从古老的凤图腾崇拜到屈原的《离骚》、《楚辞》无一不闪烁着浪漫主义的光彩。湖北的楚地风情也颇具浪漫色彩，如土家族的哭嫁、跳丧、山歌等。历史文化中，出土的编钟、虎座凤架鼓，屈原、宋玉的浪漫诗辞，昭君出塞的动人事迹，诸葛亮隆中三分天下的雄才大略，俞伯牙断琴的知音情缘，"谈笑间樯橹灰飞烟灭"的赤壁之战，董永与七仙女的爱情故事传说，以及民俗节庆女儿会、龙舟赛等，无不具有浓郁的浪漫色彩。

湖北省博物馆

郧县人头骨化石

【旧石器时代　镇馆指数★★★★☆】

郧县人头骨化石及其文化的发现，对人类进化研究具有重要科学价值。郧县人的年代非常古老，甚至与蓝田人的年代相当，但郧县人化石体质上却显示出许多早期智人的特征，从而对直立人与早期智人的发展关系以及南北文化关系的研究，提供了重要的实物资料。

位于郧县汉江河畔的青曲弥陀寺村学堂梁子，1989年

5月，发掘出一件完整的远古人类头骨化石，被专家确认为距今已100多万前的远古人类化石。这一发现，改变了人类起源于非洲的说法。"郧县人"头骨化石的发现，向世界宣称：古老的汉江是汉民族文化的摇篮，古老的"郧县人"是中国人的祖先。

1990年5月，发掘遗址又发现第二件头骨化石，编号为Ⅱ号头骨化石。以后又接连两次进行了发掘工作，获取了大量的伴生动物化石和数百件石器。两件完好的头骨化

【郧县人头骨化石】

石的发现，轰动了世界古人类考古学界。初步研究，被认为是"南方古猿"化石材料。随着对化石材料的修复与揭示，以及研究的深入，从其形态上看既有直立人的原始性，又有智人的进化特征，其时代为中更新世早期，在80万～100万年左右。因为两件头骨化石标本空前的完好，它对人类的起源与发展具有很高的学术研究价值。I号头骨化石，在1989年底被《科技日报》发表选为全国十大科技新闻之一。

1990年以来的多次发掘，在其文化层共出土石核、石片、砍砸器、刮削器、石锤等石器241件，以及大量打击碎片和带有打击痕的砾石，并出土似手斧的两面器。与人类化石伴生有丰富的哺乳动物化石，而且头骨、下颌骨完整者数量之大是其他遗址不多见的。

一些基因学家研究认为，人类的祖先起源于非洲，这是因为他们在不同肤色的现代人中找到了相同的基因，这种基因来自于非洲，但是众多的史前人类的化石标本，却又显示着很多不同的地域特点。这说明"非洲祖先"并没有代替各地存在的各种早期人类，而是与当地的早期人类混合，形成了不同的人群。所以不同地区的现代人之间既有着基因上的关系，又有着进化上的不同。

中国曾发现过众多的古人类遗址，其中最为著名的就是1929年，在北京西南郊外发现的5个北京猿人头盖骨，可惜的是随后开始的第二次世界大战，让这些珍贵的头骨化石至今仍然下落不明。同样是生存在史前中国的古人类，郧县人与北京人是否具有相同的史前人类特征呢？专家们拿郧县人头骨和北京人头骨进行了比较，发现它的体积要比北京人更大一些。然后，郧县人头骨的眉脊，也是眉骨再往上一点这个位置和北京人有区别，北京人眉脊中间的凹陷，能够放下一个手指头，而郧县人的眉脊是不可能把手指头放进去的，这一点更加接近于现代人。

测年的极限很快被接连突破，专家最终将郧县人生存年代锁定在98万年左右。根据人类进化的规律，人类的脑量是在不断进化中增加的，脑量的变化，说明人类智慧的发展变化，这种变化，符合人类的进化规律。检测的结果显示，郧县人的脑容量大概为1 050毫升左右。这说明，远在98万年前，郧县人的脑容量就已经接近于50万年前北京人的水平，他们可能是约100万年前最具智慧的生物物种。

曾侯乙编钟

【战国　镇馆指数★★★★★】

　　美妙的钟鼓合乐使人触景生情，感怀不已，载于诗经的《小雅·鼓钟》形象地描绘了一幅古代器乐的合奏图，诗中提到了诸多的乐器，有钟、鼓、琴、瑟、龠、笙等。周代乐器种类繁多，见诸文献记载的西周乐器已有近70种，把这些乐器按制作材料的不同分为金、石、土、革、丝、木、匏、竹8类，就是我国最早的乐器分类法"八音"。至春秋战国时期，乐器的种类更多，制作也更加精美，器乐的演奏形式得到了较大的发展，不仅有独奏，更有规模较大的器乐合奏，其中以编钟和鼓为主的"钟鼓之乐"就是具有代表性的一种。曾侯乙墓乐器的出土更为此提供了充分的证明。

　　1978年，湖北随县擂鼓墩曾侯乙墓出土了大批乐器。曾侯乙墓位于湖北随县西北2公里处，墓主为曾国的一个叫乙的君王，墓葬入土时间约在公元前433年，其时正是战国初期。整个墓随葬物品丰富，共有青铜礼器、乐器、兵器、用器、马车器及金器、玉器，约10 000件。在墓的中室和东室出土了124件乐器，包括编钟、编磬、十弦

【曾侯乙编钟】

琴、五弦琴、瑟、笙、笛（或篪）、排箫、建鼓、小鼓等，有些乐器尚属首次出土，是我国音乐史上最有价值的一次考古发现。

先秦时期，我国先人就发明多种多样的乐器，随着

岁月的流逝，仅能在史籍上见到它的名字，有的甚至连名字都被人们遗忘，曾侯乙墓出土的十弦琴、五弦琴、排箫等，就是这方面的实例，它使失传多年的几种古老乐器重见天日。

这次考古活动最有意义的莫过于曾侯乙编钟的发现，它的出土引起了整个世界的关注，成为中国乃至世界考古史上的一件大事，被誉为世界古代文明史奇迹之一。

钟在我国有悠久的历史，新石器时期已有陶钟发现，夏、商后随着青铜冶炼术的出现，钟的制作材料也多由陶土改为青铜，出现了许多铜钟。钟分为特钟和编钟：单个的钟称特钟；按一定的音列关系组合在一起是钟，我们称之为编钟。从考古发现看，编钟的件数有多有少，少则3件，多则10余件不等，但曾侯乙编钟共有64件，是迄今为止我们所见的最庞大的编钟。

钟架位于墓室的西面和南面，钟架呈曲尺形，立柱上下层由6个佩剑的青铜武士和几根圆柱承托，钟架上悬挂总重量达3 500多千克的65个编钟。上层为纽钟，中下层为甬钟。甬钟各有3组，共45件。除纽钟和甬钟外，还有一见铜镈，是楚惠王送给墓主的礼物。铜镈的铭文显示该镈制作于楚惠王五十六年，即公元前433年。钟、磬两种乐器，虽在曾侯乙墓发掘之前，在一些年代早于曾乙侯墓的古墓里已发现了许多，但像曾乙编钟那样有完好的钟架，钟体井然有序地悬挂其上，则是前所未见的。

曾侯乙编钟规模宏大，气势雄伟，其制作之精美、数量之众多、保存之完好均为现代音乐考古之最，全面展示了中华民族灿烂的古代音乐文化。经专家测试演奏表明，曾侯乙编钟音色丰富优美，音域宽广，音列充实，音律较准。其音响已构成倍低、低、中、高四个色彩区。其音域自大字组的 C 至小字组的 d，跨越了五个八度，其中中心音区的三个八度可以构成完整的 12 个半音，并可以转调，这意味着它可以演奏任何五声、六声、七声音阶的乐曲，也意味着春秋时中国不仅有五声音阶，也有七声音阶。能演奏采用和声、复调以及转调手法的乐曲。公元前 5 世纪的乐器，竟具有如此水平和性能，不能不说是音乐史上一大奇迹！充分说明了中国古代的青铜冶炼铸造技术的高超，也显示春秋战国时我国音乐已发展到一个极高的水平。

曾侯乙编钟在音乐理论方面的价值在于它的铭文，整套编钟共有约 2 800 字的铭文，标明了各钟发音属于何律的阶名及其与楚、晋、齐、周、申等周围各国或地区的对应关系，为研究我国传统乐律学和音乐理论提供了宝贵的资料。这些铭文简直可称为我国古代最早的一部乐律书，它的出现弥补了古代文献关于乐律方面记载的不足，纠正了先秦无"变宫"的说法，为我们认识春秋战国乐律学的发展状况及其演变提供了可靠的依据。曾侯乙编钟的每件钟体都能发出两个乐音，这两个乐音间呈三度谐和音程，很有规律，在钟体的正鼓和侧鼓都有标音铭文，只要准确地敲击其部位，就能发出所标明的乐音。这种一钟双音的现象，音乐家们在研究西周钟时已有察觉，但有人怀疑，直到曾乙编钟出土，铭文并标明为双音才得以确认。曾乙侯编钟的音响和铭文充分证明，一钟双音不是个别现象，而是有意识地制造出来的，是一项了不起的创造。

曾侯乙尊盘

【战国　镇馆指数★★★★★】

曾侯乙尊盘是春秋战国时期最复杂、最精美的青铜器件，1978 年在湖北曾侯乙墓中出土。尊盘通体用陶范浑铸而成，尊足等附件为另行铸造，然后用铅锡合金与尊体焊在一起。尊颈附饰是由繁复而有序的镂空纹样构成，属于熔模铸件。由此可知，早在公元前 5 世纪，失蜡铸造法在中国已有很高的技艺。

尊是古代的一种盛酒器，盘则是水器，曾侯乙尊盘融尊盘于一体，出土时尊置于盘上拆开来是两件器物，极其

湖北省 Hu Bei

【曾侯乙尊盘】

别致。尊敞口，呈喇叭状，宽厚的外沿翻折，下垂，上饰玲珑剔透的蟠虺透空花纹，形似朵朵云彩上下叠置。尊颈部饰蕉叶形蟠虺纹，蕉叶向上舒展，与颈项微微外张的弧线相搭配，和谐又统一。在尊颈与腹之间加饰四条圆雕豹形伏兽，躯体由透雕的蟠螭纹构成，兽沿尊颈向上攀爬，回首吐舌，长舌垂卷如钩。尊腹、高足皆饰细密的蟠虺纹，其上加饰高浮雕虬龙四条，层次丰富，主次分明。盘直壁平底，四龙形蹄足口沿上附有四只方耳，皆饰蟠虺纹，与尊口风格相同。四耳下各有两条扁形镂空夔龙，龙首下垂。四龙之间各有一圆雕式蟠龙，首伏于口沿，与盘腹蟠虺纹相互呼应，从而突破了满饰蟠螭纹常有的滞塞、僵硬感。

　　这件尊盘的惊人之处在于其鬼斧神工的透空装饰。装饰表层彼此独立，互不相连，由内层铜梗支撑，内层铜梗又分层联结，参差错落，玲珑剔透，令观者凝神屏息，叹为观止。经专家鉴定，此系采用失蜡法铸造，因为纹饰细密复杂，且附饰无锻打和铸接的痕迹。失蜡法又称出蜡法、拔蜡法，基本方法是将蜡作成模，成型后用细泥浆反复浇淋，泥浆包住蜡模后再涂以耐火材料用火烘烤，做成铸型。蜡熔流出，形成型腔，即可浇铸铜汁成器。

　　春秋战国时期青铜铸造技术显著提高，许多新工艺出现在此时，失蜡法即为其中之一。用失蜡法铸造器物，由于采用整模不会出现合范带来的铸痕，表面光滑精细，并且可以铸造相当繁缛复杂的纹样，但是器物表面往往会出现大小不等的砂眼，因为无出气孔，铜液灌注有不到之处。后世作伪者误以为越平整、越光洁、没有任何痕迹，便越是成功之器，反而弄巧成拙。

曾侯乙冰鉴

【战国　镇馆指数★★★★★】

《诗经》中就有奴隶们冬日凿冰储藏，供贵族们夏季饮用的记载。古籍《周礼》记载"祭祀共冰鉴"。"鉴"其实就是个盒子，里头放冰，再将食物放在冰的中间，起到对食物防腐保鲜的作用。由此可见，鉴是我国的冰箱之祖了。1978年，湖北省随县曾侯乙楚墓就出土了一件"铜冰鉴"。它是一件双层器，方鉴内套有一方壶。夏季，鉴、壶壁之间可以装冰，壶内装酒，冰可使酒凉。可以说，铜冰鉴是迄今为止世界上发现的最早的冰箱了。

曾侯乙冰鉴1977年出土于湖北随州市擂鼓墩一号墓

即曾侯乙墓。曾侯乙墓出土了大量的青铜器,其造型和纹饰在继承商周以来的中原青铜文化传统的基础上有很大的创新。铜冰鉴便是曾侯乙墓青铜器中的代表器物,集中表现了曾侯乙墓青铜器新颖、奇特、精美的特征。铜冰鉴的四足是四只动感很强、稳健有力的龙首兽身的怪兽。四个龙头向外伸张,兽身则以后肢蹬地作匍匐状。整个兽形看起来好像正在努力向上支撑铜冰鉴的全部重量。鉴身为方形,其四面、四角一共有八个龙耳,作拱曲攀伏状。这些龙的尾部都有小龙缠绕,还有两朵五瓣的小花点缀其上。

【曾侯乙冰鉴】

同时，这是一件构思精巧，实用性与艺术性高度统一的青铜器物。双层结构，鉴内有一缶。鉴与缶的组合设有专门的机关。在使用时，将缶之口、底与鉴之口、底套合固定，灌酒挹酒不需打开鉴盖，只要打开缶盖即可。夏季，鉴缶之间装冰块，缶内装酒，可做冰镇酒；冬季，可以在鉴腹内加入热水，使缶内的美酒迅速增温，成为温酒。这套酒器设计巧妙，铸作精细，形体壮伟。

2008年北京奥运会开幕式上的2 008尊高科技缶就是以曾侯乙墓出土的这件铜冰鉴为原形设计的。但从缶的发展演化来看，奥运会开幕式上用的"缶"与"缶"的原貌有着一定的差别。开幕式上气势恢宏的2 008人的缶阵，听声音很像是在敲鼓，那么作为古乐器的缶，究竟是什么模样呢？近年的考古发现已经给出了答案。在2004年无锡鸿山的越国贵族墓发掘中，考古人员在大墓甬道壁龛中发现了由500多件组合乐器组成的陪葬坑，其中有三件盆状的青瓷乐器。经功能分类和专家认定，这便是秦王渑池会上被迫一击的"缶"。这三件青瓷缶口径40厘米，高24.2厘米，内外施青黄色釉，口沿和上腹部饰细蟠虺纹，两兽首状宽耳，另两侧有一对称的蜥蜴匍匐在口沿，蜥蜴的两前肢攀在沿上，口衔缶沿，造型夸张生动。

越王勾践剑

【战国　镇馆指数★★★★★】

湖北江陵，位于纪山之南，故称纪南城，是楚国郢都的所在地，也是楚文化的发祥地，历史上曾有20代楚王在此执政，历时400余年，地下文物极为丰富。1965年，考古学家在纪南城附近发现一批楚墓，随之进行大规模发掘，出土大批铜器、陶器、漆器、竹器、丝绸、玉器和竹简等，收获巨丰。令中外震惊的是，在望山1号墓棺内人骨架左侧的墨漆的木鞘中发现一把青铜剑，剑通长55.6厘米，剑身长47.2厘米，剑茎长8.4厘米，剑身宽4.6厘米，剑格宽5厘米，重857.4克。剑的前锋内敛，成两度弧曲状。两侧有血槽。剑身遍饰菱形暗纹。剑格两面分别用绿松石与蓝色琉璃镶嵌出花纹。茎有双箍，剑首向外翻卷作圆箍形，内铸11道间距极小的同心圆圈为饰。剑柄为圆柱体，"缑"（缠绕于柄的丝绳）保存完好，柄上刻有三道箍。剑出鞘时，寒光袭人，毫无锈蚀，锋刃如新，犹能断发。近剑格处有两行错金鸟篆书铭文："越王鸠浅（勾践）自作用剑"。这正是深藏2 400余年、人们众里寻他千百度的越王勾践剑！

【越王勾践剑】

湖北省 —— Hu Bei

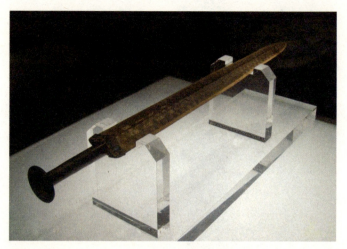

【越王勾践剑】

越王勾践之剑，居然出现在千里之外的楚墓之中，岂不是有悖于情理？其实，楚、越两国的关系一度非常密切。越王勾践的女儿曾远嫁楚昭王，深受宠爱，楚惠王就是她的儿子。因此，如果说这把越王勾践剑是勾践嫁女的陪嫁，绝不会是无稽之谈。望山1号墓的墓主并非楚王，勾践剑为何会成为他的随葬品，就无从考索了。因为随着时间的推移，流入楚国的勾践剑更易主人的可能性实在太多。但是，也有另一种可能，即楚威王六年（公元前334年）率兵灭越时，此剑或是兵将劫掠所得。鉴于吴、越的王器在楚地出土并非仅此一件，这种可能性也不能排除。

越王勾践剑穿越了 2 000 多年的历史长河，但剑身丝毫不见锈斑。它千年不锈的原因是什么呢？专家们认为，主要是这把剑埋藏的环境条件所致。勾践剑的含铜量约为 80%～83%、含锡量约为 16%～17%，另外还有少量的铅和铁。铜是一种不活泼的金属，在日常条件下一般不容易发生锈蚀，这是越王勾践剑不锈的原因之一。再来看看越王勾践剑所处的外部环境：墓葬深埋在数米的地下，一椁两棺，层层相套，椁室四周用一种质地细密的白色黏土、考古学界称之为白膏泥填塞，其下部采用的还是经过人工淘洗过的白膏泥，致密性更好。加上墓坑上部经过夯实的填土等原因，使该墓的墓室几乎成了一个密闭的空间，这么多的密封层基本上隔绝了墓室与外界之间的空气交换。现代科学研究表明：在完全隔绝氧气的条件下，即使在中性或微酸性的水中，钢铁都不会生锈的。这是越王勾践剑不锈的原因之二。望山一号楚墓所在地地下水位较高，该墓的墓室曾经长期被地下水浸泡，浸泡后墓室内空气的含量更少。这是越王勾践剑不锈的原因之三。

青花四爱图梅瓶

【元　镇馆指数★★★★★】

青花四爱图梅瓶是 2005 年 11 月，由湖北省文物考古研究所等部门组成考古工作队对位于湖北省钟祥市的明代郢靖王陵墓进行考古发掘时发现的。这件四爱图梅瓶高 38.7 厘米，口径 6.4 厘米，底径 13 厘米，白胎，施白釉，釉色泛青。梅瓶肩部的花纹为凤凰展翅翱翔，穿飞在缠枝牡丹花丛之中。腹中部有四个海棠形开光，绘四爱图，点缀有三角状的祥云纹。下腹部饰莲纹。梅瓶造型精巧规整，青花发色鲜艳青翠，在造型、胎质、釉色、纹饰以及尺寸上，与武汉市博物馆所藏的青花四爱图梅瓶都非常相像，推断为元末明初的器物。

元代青花瓷以景德镇窑为代表，开辟了由素瓷向彩瓷过渡的新时代，优雅精致，与我国的传统水墨画有异曲同工之妙。元青花质地优良，画工细腻，题材众多，花卉、走兽、戏剧故事、人物等皆跃然瓷上，漂亮悦目，其制作精美但传世极少，故而异常珍贵。武汉博物馆收藏的这件元青花"四爱图"梅瓶，为元末时期江西景德镇窑烧造，小口外侈，短颈，丰肩，平足。通体绘青花纹饰，分 3 组，

湖北省 Hu Bei

【青花四爱图梅瓶】

中南及台湾地区博物馆 镇馆之宝

【青花四爱图梅瓶】局部

肩部饰凤穿牡丹纹。腹部主题纹饰为4个菱形开光，分别绘有中国古代4位高士闲情逸致、恬静自然的场景。其故事取材高雅，即东晋著名书法家王羲之喜爱兰花，兰花为传统寓言纹饰，古人以幽谷兰花喻隐逸之君子；宋代著名理学家周敦颐酷爱莲花，莲花纹饰以象征身居高位、廉洁奉公，运用莲与廉同音，意蕴"一品清廉"之意；人称"梅妻鹤子"的北宋著名诗人林和靖一生未婚，痴爱梅花的高雅和白鹤的飘逸；东晋著名诗人陶渊明深爱菊花的傲霜品性，淡泊名利，向往美好的田园生活。梅瓶腹下部绘仰覆莲纹和忍冬纹一周。该青花陪衬的景物结合主题，4组画面情景交融，造型秀美，线条流畅，色泽浓艳，可谓元代青花瓷中极其罕见的精品。在青花瓷器中，元代青花反映人物图案的器物存世较为稀少，有如此精美的四爱人物图案的青花梅瓶更为罕见。这件元青花"四爱图"梅瓶，为了解元代青花瓷制造工艺及人物图案纹饰提供了十分重要的实物资料。

梅瓶上所绘人物神形兼备，特征分明，衣饰用笔潇洒自然，主题纹饰与青花色泽交融一体。白釉泛青，色彩青翠欲滴，青花成色纯正艳丽，反映了元青花的烧造水平。其小口、丰肩、深腹的造型，十分独特，因口小只能插上梅枝，故后人名曰"梅瓶"。关于"梅瓶"之名，主要来源于明末清初学者许之衡所撰《饮流斋说瓷》一书，其中有文写道："……口径之小，仅与梅之瘦骨相称，故名梅瓶也。"其实在宋元时期，这种瓶称"经瓶"，为宋代朝廷定期开设的讲经筵上盛酒的器皿，民间也有生产，目前发现的经瓶上，有的还书有"清沽美酒"、"醉乡酒海"等字样，说明此瓶在当时主要作为盛酒之用。有的上面还有盖子，如覆杯，可能也兼作酒杯之用。

墓主郢靖王朱栋是明太祖朱元璋第23子，生于洪武二十一年（1388年），洪武二十四年册封为郢王，卒于永乐十二年（1414年），享年27岁，谥号"靖"。王妃郭氏为明朝开国元勋郭英之女，在郢靖王病逝一个多月后悲痛自尽。郢靖王陵墓为朱栋与王妃郭氏的合葬墓，在郢靖王棺木和王妃棺木前端棺床的下方，分别放置有青花龙纹梅瓶和青花四爱图梅瓶。郢靖王的青花龙纹梅瓶，以龙纹为装饰图案，是帝王象征的专属品，而王妃郭氏的青花四爱图梅瓶则极富生活情趣，是一件极为珍贵的古代艺术瑰宝。

荆州市博物馆

湖北省 —— Hu Bei

马山一号墓丝绸

【战国　镇馆指数★★★★★】

中国是世界上最早生产丝绣品的国家之一。丝绣品的出现及其发展史对人类的物质和精神生活产生了深远的影响，在中国和世界文化史上占有重要地位。东周时期，楚地的丝织和刺绣技术得到长足的发展，生产规模日益扩大，品种增多，制造精细，花型秀丽多变且色彩鲜艳。被世人誉为"丝绸宝库"的马山一号楚墓和凤凰山一六七号

汉墓，它们不仅集中体现了当时丝绣技术的最高水平，而且还是研究楚汉时期服饰和艺术的珍品。

马山一号楚墓出土的丝绸制品中，可分为几何纹、植物纹、动物纹和人物纹。这些花纹以色彩艳丽，构图浪漫而形成独特的风格。在几何形纹中，楚人偏爱菱形纹，这些菱形纹变化多端，或曲折，或断续，或相套，或交错。楚人用其丰富的想象力和灵巧的双手，将折线之美展现得淋漓尽致。在植物纹中，楚人多用花卉偶尔也用树木纹。花卉在丝织品中可以以细长的花茎分割或连接图案单元，也可以与凤纹或龙纹搭配补充。它合植物、动物于一体，集现实、幻想于一身。在动物纹中，大都作变形处理，写实的很少，而且以凤纹最多。凤是楚人先民的图腾，战国时代的楚人更是把一切美好的特征都赋予了凤，在刺绣纹样中，凤是无可争议的主角。

绣绢棉袍上，绣着最奇特而又最华丽的凤，你看，凤首如鹄，凤腹近圆，正面屈腿，双翼齐举，两个臂端内勾如凤首，其神态诡秘至极。我们称其为"三头凤"，这留下了极强的图腾痕迹。凤龙虎纹绣罗单衣上，可以看到由一凤斗二龙一虎为一单元的刺绣纹样。主宰这整个画面的是凤，它的花冠很高，大而美丽。此凤一翼擒龙一翼拿虎，龙虎皆作哀号状，凤是无可争议的胜利者。这更体现出楚人对凤的崇拜。这件刺绣作品的整体布局，是从四个正反倒顺相结合的纹样单元作田字形配置。利用凤的翅膀交错，把纵向排列的纹样单元相连成串。其附饰都是凤虎龙的肢体，意匠的巧妙令人拍案叫绝。

荆州马山一号楚墓因所出丝织品种类众多，制作精美，保存完好、年代早而被誉为中国古代的丝绸宝库。这些"冠带衣履天下"的国宝主要有绢、绨、纱、锦、罗、绮、绦和绣等，成品则以衾、裙、袍、夹襦、衣等为主。这批丝织品充分反映了楚地高度发达的养蚕织丝的技术。它们外表平整，丝线条分均匀，织造细密，色彩鲜明。绢、纱都是平纹织物。锦是经线提花织物，分作两色锦和三色锦。两色锦是用两根不同颜色的经线织造的，花纹顺经线方向作条带状布置，色彩搭配巧妙、和谐。三色锦的花纹细密而复杂，著名的舞人动物纹锦由7个单元组成，横贯全幅，大约使用了7 000根经线织造。如此大的提花纹样在先秦时期实属罕见。由此可见当时已经有了成熟的提花技术及结构相对完善的提花织机。采用特殊的穿绕法织成的纬线起花绦是一种以往所不了解的新技术。针织绦是目前世界上年代最早的针织品，大大提前了针织技术出现的

湖北省 Hu Bei

【马山一号墓丝绸】

时间。刺绣以锁绣为主，间以平绣，其主题是各种凤鸟、龙和花卉，构图讲求对称，也有几个动物相交叉或两三个动物合体的构图。这些绣品纹样从不同的角度反映了当时人们的信仰和习俗。衣着类以袍为主，皆右衽、直裾，两袖张开如十字形，袖、领、裾缘均装饰与面料不同的缘。这是当时贵族普遍穿着的礼服。

西汉时期的丝织品以两色锦为多，多承袭先秦时期的提花技术。花纹以豹、龙等动物为主，作散点式布置。绣品纹样则以云气纹为大宗，迥然不同于先秦时期的风格。在男耕女织的时代，丝绸编织着人们美好的梦想，伴随着人们走过了许多美好的记忆。它幻化成一种蕴香吐韵的文化；弥散为一种如烟似气的意象。细腻丰盈，滑爽绵软，在富丽中凝结典雅，在华美中飘送清逸。勾勒出一个灿烂而神秘的丝绸幽梦。早在几千年前，当丝绸沿着古丝绸之路传向欧洲时，他所带去的不仅仅是一件件华美的服饰，更是东方古老灿烂的文明，丝绸从那时起几乎就成了东方文明的象征和传播者。而我们楚国的丝绸以其特质表达了楚文化的内涵和韵味，从而赋予丝绸这一中国古老的事物深远的文化。

熊家冢玉器

【战国　镇馆指数★★★★★】

熊家冢墓地是我国迄今为止已知的楚国高级贵族墓地中规模最大、规格最高、布局最完整的墓地，距今2 300～2 400年，属战国古墓，因埋葬熊姓祖先而得名。墓地由主冢、陪冢、殉葬墓、祭祀坑、车马坑等组成。近年，在主冢西侧发现长131.1米的车马坑，是迄今发现的我国同时期最长的特大型车马坑，两匹马相对而卧，尽管马骨都化为泥土，但地上遗留的痕迹栩栩如生地显示着马在埋葬时的彪悍健壮。

除此之外，在熊家冢墓地100多座殉葬墓中，很多殉葬墓中都随葬着一套由几十件玉器组成的玉佩，有玉璧、玉环、玉璜、玉珩、龙形玉佩，文物不仅质地上乘、造型精美，在殉葬墓中出土数量如此之多的古玉，在荆州考古工作中实属罕见。这批殉葬墓出土的玉器大多都是青玉，比以往出土的楚墓玉器材质要好得多，玉器种类和工艺水平也达到了同时期的最高峰，一些还未加工完毕的玉器的出土，说明当时下葬之前曾赶制过一批玉器。这些都充分说明了当时葬礼的隆重和紧凑的安排。谁能拥有如此厚葬，他又有着怎样的背景？

熊家冢楚墓是目前已发掘的楚墓中规模最大的一处高等级贵族墓葬。熊家冢墓地现已发掘了27座殉葬墓，出土玉器超过1 300件。这也是在全国范围内，一次性出土玉器最多的考古发现。玉器是所有文物种类中等级最高的。这次熊家冢发掘的文物多以玉器、水晶、玛瑙为主，并且数量较大，这也印证了熊家冢墓地的等级之高、规格之大。

这些出土玉器不仅种类繁多，涵盖了先秦以来楚国所有的玉器品种。并且制作工艺精致，透雕、阳雕、阴雕等艺术手法都得到运用。更重要的是，在熊家冢考古中，出现了玉器的组佩形式。西周时期，玉器的佩带出现了一种特殊的形式，就是组佩。两块以上的玉组合佩带，就叫组佩，西周组佩都是大量的玉用丝线连在一起，佩带在身上，非常漂亮。组佩中间要用玉璜，有学者认为"璜"字与"衡"字音近，衡有平衡之意，而玉璜在组佩中也起平衡的功能。

靠近主冢的殉葬墓出土玉器较多，而靠南边的殉葬墓出土玉器较少甚至没有，这殉葬墓难道是有规则的分布？是按照等级，还是按照贫富？出土的文物折射一个

一 湖北省 — Hu Bei —

【熊家冢玉器】

王朝的背影,并给予人们无穷想象,在历史的光影中,我们仿佛看到了楚国的鼎盛之风,特大型高等级贵族楚墓熊家冢,一座沉睡了2000多年的古墓,聚焦了一个兴盛了800多年的王朝背影。如今楚墓熊家冢掀开了它神秘的一角,带给人们只有无尽的惊喜和膜拜。

大武戈

【战国 镇馆指数★★★★☆】

【大武戈】

这件铜器是一件兵器,1960年5月出土于湖北荆门市漳河车桥大坝墓葬,出土时和一把柳叶形的巴式剑放置在一起。戈是长柄的勾琢兵器,使用比较普遍,上至王侯,下至兵卒都使用它。它可以和盾牌一起配合使用,并称"干戈"。大武戈质地精良、纹饰华美,如果用于实战似过于可惜,而且它的刃部结构也不具备较强的杀伤力。那么作为一件象征权威的仪仗用器,就很符合这类特殊兵器的实际用途了。

铜戈形体较直而扁平,通长21.9厘米,宽6.5厘米。用于砍斫的前端部分称

【大武戈纹饰】

为"援",前锋尖锐;用于装柄的后端部分,称为"内",即容纳之"纳",长8厘米,中部有一圆形穿孔。援与内相接部分称为"栏",栏上也有两个较小的穿孔。这些穿孔便于用绳索将铜戚与木柄相连接、加固。援两面各铸一个浅浮雕神人像,图像相同。这个神人形象奇特:圆脸、帚眉、圆眼、三角形鼻、开口大笑。身躯与四肢裸露,布满鳞甲,脚似鸟兽爪。装束诡异:头戴羽冠,双耳各一蛇,腰缠一蛇。举动灵威,两手曲举,右手握一条双头鱼形

兽,左手握一条蜥蜴状龙,两腿蹲踞,胯下也有一条蜿蜒的蜥蜴状龙,右脚践日,左脚践月。很多研究者认为这个神人的形象与《山海经》记载的一些神多有相似之处,但没有完全吻合的一位,因此不能指认他的神名。而他的神态、动作也与著名的随州曾侯乙墓漆棺上所绘制的神人相似,但也并不雷同。从这神人的相貌特征、古怪装束来看,颇有南方地区民族的风格,而身生鳞甲,佩蛇持龙,也许和濒水居民的图腾崇拜有关。铜戈内(纳)部的两面饰异兽纹,也是鳞身,侧首张望,身体两边伸出四个触手状器官。穿孔两旁各有一个铭文,每面两个,器物有四字铭文"兵辟大武",字体风格为典型的战国文字。

从这件铜戈的形制来看,与巴文化遗物比较相似,但它的铭文字体、神人纹饰又有楚文化的风格。因此这是一件兼具巴、楚两种文化魅力的稀有文物,对上古时代的神话传说、宗教礼俗的研究有重要的价值。从工艺美术的欣赏角度来看,也是难得的珍品。

凤鸟虎座鼓架

【战国　镇馆指数★★★★☆】

凤鸟虎座鼓架,是战国时楚国特有的典型器物,具有鲜明的楚文化风格。本文所鉴赏的这件鼓架,是荆州天星观2号墓中出土的。全器先木雕成形,再施彩漆。座为两

【凤鸟虎座鼓架】

只相背的老虎，张口，齿外露，椭圆眼，尾上举，四肢前屈，作蹲伏状。体髹黑漆，并饰云纹以象征皮毛。虽刀、笔寥寥，然形神毕备。虎身上分别站立着一只凤鸟，两凤相背而立，扬颈、仰首、振翅。凤鸟通身髹黑漆，再以漆画出羽毛等纹饰，头部为卷云纹，颈部饰鳞纹，尾翅部先雕出一根根的羽纹，然后再沿每个羽纹的轮廓描以纤细的绒毛，十分精细，是集雕刻工艺与髹漆工艺于一身的艺术精品。《韩诗外传》上说凤"鸿前鳞后，蛇颈而鱼尾，龙文而龟身，燕颔而鸡喙"。这件珍品与文献记载有不少相似之处。

  该器作凤鸟踏虎造型，有何含意呢？它表现了楚人的特殊信仰和好恶观念。看那双凤，犹如冲天欲飞穿云破雾的雄鹰，雍容华贵，伟岸英武。虎则身躯矮小，形象卑下，其神态似已承担不了凤的重压，瑟缩战栗，其爱憎多么鲜明。纵观有周一代，楚人对凤鸟始终怀有特殊感情，楚国文物上的凤鸟形象，远远高出其他各国。在楚国的诗文中，凤鸟也常以美好、正直、尊崇的形象出现，这是因为鸟从远古时代起，就是楚人所崇拜的图腾，他们理所当然要赋予凤鸟以自己热爱的一切优美品质和特性了。虎，在楚人心目中则是宿敌。先秦时代，楚之西境为巴人居地，巴人崇虎、祀虎，巴人遗物上虎形纹饰最多见，证明虎是巴人的图腾。巴人曾多次与楚人发生战争，给楚人带来过莫大的痛苦，直到春秋末期，巴人才被楚人征服。在这种情况下，楚国艺术品中出现双凤踏虎的造型就不足为怪了。实际上，它是楚人战胜巴人的光辉记录，也寄托着楚人不畏强敌、无往不胜的追求和信念。

凤鸟虎座鼓架通高162厘米，长140厘米，宽26厘米，是由多块材料拼接而成的、凤身由冠、颈、身、翅、腿5个细部组成，凤冠的前端、凤颈的下端、凤翅的前侧以及凤腿的上下两端，均削出方榫或长榫，分别接进相应的孔内，经过精心的鬃饰，从外表上丝毫看不出拼接痕迹。此外，与这件鼓架同时出土的还有鼓槌两双。鼓已残坏，鼓壁木质，中腰隆起，和现代扁鼓相似，鼓皮以竹钉固定在鼓壁上，鼓面先施燕漆，再以金、银、红、橙诸色绘精致的云纹。这大概是因为鼓属喜庆场合使用的乐器，倍加装饰以增强欢乐气氛。那些祭神巫师们，伴随着咚咚鼓点轻歌曼舞，好不热闹。楚国的文化是长江流域的骄傲，2 000多年过去了，但我们从这件珍贵的凤鸟虎座鼓架上，仍不难领略到楚文化的独特光彩。

中南及台湾地区博物馆 | 镇馆之宝

曾国青铜器荆子鼎

【西周早期　镇馆指数★★★★★】

2010年末，位于随州开发区淅河镇蒋寨村叶家山的村民，在平整土地时发现了一批青铜器。2011年初启动发掘的随州叶家山墓地，在多座墓葬出土的青铜器上见有"曾侯"和"曾侯谏"的铭文，比已知的曾侯乙墓要早500余年，对商周断代史尤其是西周早期曾国史的研究将是一个重大突破。后经发掘，共发现墓葬65座和1座马坑，发

【曾国青铜器荆子鼎】

湖北省 Hu Bei

掘的65座墓葬皆为东西向长方形土坑竖穴墓,发掘的墓葬最深的近10米,这种"深埋"特点是西周葬俗所特有。长江中游地区发现的原始瓷器并不多,且器类单一,这次集中发现的批量原始瓷器,不仅保存完好,而且与青铜器的组合和共存关系明确,将有助解开原始瓷器的产地之谜。自曾侯乙墓发现后,有关曾国的来源和始封问题一直困扰学界。大多学者认为曾国是在西周晚期周灭鄂后立国的。叶家山墓地西周早期所见铜器"曾侯"铭文表明,西周早期不仅有曾国,且已称侯,比曾侯乙墓早500余年。

叶家山墓地2号墓出土的荆子鼎,口沿外侈,深圆腹微鼓,浅裆,柱足。器身饰三组别致的兽面纹,通高20.9厘米、口径16～16.5厘米。鼎主人荆子很可能是最早的楚王,其铭文对研究早期楚国与西周王朝的关系

【曾国青铜器荆子鼎】

有重要价值。据《史记·楚世家》的记载,"周文王之时,季连之苗裔曰鬻熊。鬻熊子事文王,早卒。其子曰熊丽。熊丽生熊狂,熊狂生熊绎。熊绎当周成王之时,举文、武勤劳之后嗣,而封熊绎于楚蛮,封以子男之田,姓芈氏,居丹阳。楚子熊绎与鲁公伯禽、卫康叔子牟、晋侯燮、齐太公子吕伋俱事成王。"

荆即文献中的楚,荆子丽即是《楚世家》中楚王的先祖熊丽,称荆子是周王朝对荆楚的封爵为子爵的原因。从荆子鼎来看,至迟在楚王熊丽时期,楚国已封为子爵。此外,在周原发现的甲骨卜辞中也有楚子、楚伯的记载。这些均说明周、楚关系密切。

从《楚世家》来看,季连的后代鬻熊"事文王,早卒"。那么他的后代熊丽在位的时间上限可以到文王时期,熊丽的孙子熊绎为成王时期人,熊丽和熊绎之间还夹有熊狂,虽然不能排除,熊丽可能活到成王初年,但熊丽主要生活在文王到武王时期是大致不误的推断。《楚世家》中说成王时期,"举文、武勤劳之后嗣,而封熊绎于楚蛮,封以子男之田",也能从侧面说明荆子鼎中的楚王熊丽曾服侍文王和武王。荆子鼎铭文中提到周王举行祭祀大典,赏赐多邦伯,其中的周王应该就是周武王。此事的背景极有可能与武王灭商之后，在宗周举行的大典，宴享诸侯邦国相关。

曾侯乙墓发现后，考古界有关曾国问题的讨论一直不绝于耳。黄凤春介绍，大多数学者认为曾国是西周晚期周灭鄂后立国的，叶家山墓地所见铜器及铭文表明，西周早期已有曾国。叶家山墓地铜器的出土，表明曾、鄂应是同时并存于西周早期的两个古国。从青铜器出土范围看，西周早期曾国并不大，应该是仅限于随州的漂水流域。随着鄂被周消灭，曾国迅速扩展至汉水以北及南阳盆地一带，成为替代鄂国的汉水以东第一大国。

随州叶家山墓群的考古发掘证实，西周早期曾国政治中心就在今湖北随州。在现存的历史文献中，没有任何关于曾国的记载，有关曾国都城过去也不知道。考古学界怀疑这个"曾"国可能是文献中的"缯"，位于河南的缯关。

考古人员在叶家山墓地周围又新发现了9处商周时期的大型聚落遗址。其中，以已知的庙台子遗址为中心的聚落群最大，面积达30万平方米，有城墙、壕沟和大型建筑基址的遗迹，应当是西周早期的一个重要古城。叶家山墓地与庙台子遗址相距不足1千米，初步判定，叶家山墓地的主人当与庙台子遗址有关，庙台子遗址可能是西周早期曾国都城之所在。这一发现也证实,"缯"与曾无关,曾国的政治中心应在今天的湖北随州。

　　叶家山高等级贵族墓地的规格和规模在整个长江流域都是屈指可数的。一系列墓葬的发现,对商周断代史尤其是西周早期曾国史的研究将是一个重大突破。对于研究汉水流域的西周文化、曾国的来源和始封、原始瓷器的产地等问题提供了重要的文物佐证。

中南及台湾地区博物馆 | 镇馆之宝

武汉市博物馆

诗经铜镜

【战国 镇馆指数★★★★☆】

铜镜是古代梳妆照面的生活用具,同时也是精美的艺术品。它同当时社会的政治、经济、文化、习俗有密切关系,是我们研究古代社会生活可靠的实物资料。

铜镜与人们的生活息息相关,历代与铜镜有关的传说、故事也层出不穷。隋初南陈乐昌公主与驸马徐德言"破镜重圆"的故事早以人尽皆知。20世纪80年代在武汉

【诗经铜镜】

湖北省

Hu Bei

洪山区黄家湾发掘的一座夫妻明墓中，分别出土了两枚半面铜镜。经对合刚好合成为一面完整的镜子，演绎了一出"破镜重圆"的民间版。晋葛洪《西京杂记》中记载，秦咸阳宫立有大方镜，可以照见人肠胃五脏，"秦始皇帝以照宫人，胆张心动者则杀之。"时至今日，中国民间盖房仍有在正门上方挂一八卦者，相传有辟邪作用，只不过材

99

质已经是有铜有玻璃了。

　　武汉市博物馆展出了一方十分珍贵的东汉诗经铭文镜。该镜直径14.8厘米。圆形镜面微凸，背有扁圆钮，钮上有"君宜官"三个字。内区主题纹饰为浮雕重列式神兽像，分五段上下重叠排列。第一段中央是南极老人和朱雀；第二段为伯牙弹琴，旁边坐着钟子期；第三段是东王公、西王母；第四段是黄帝和司长寿的句芒；第五段是天皇大帝。

　　镜缘上有勾连云纹与铭文各一周，铭文为隶书，这段铭文经我国著名的金石学家罗福颐先生鉴定，与《诗经·卫风·硕人》略有差异，内容为我国失传多年的"鲁诗"。公元前544年周景王元年，吴国季札到鲁国观乐，并作歌。据《左传》的记载，其分类名目和先后次第与今本《诗经》差不多。季札观乐的那一年孔子才八岁。后来孔子提到这些诗时，称之为"诗三百"。以此推之，在孔子出世之前，鲁国就已经有了一部和今本《诗经》大致相同的诗集。汉初传授《诗经》的有鲁、齐、韩三家，后三家诗失传后，有毛诗独传，即今本的《诗经》。由于此镜上"鲁诗"铭文的发现，说明东汉时期"鲁诗"仍还在民间流传。

汉代正处在中国封建社会的兴盛时期，文化艺术空前繁荣，也是铜镜艺术的高峰期。汉镜铜质精良，纹饰精巧，题材广泛，同时铭文也大量出现，成为铜镜纹饰的组成部分，甚至成为主题纹饰。神兽镜流行于东汉的中晚期，被认为是汉代铸镜技艺最高的镜类之一。它的铸地集中在江浙及皖、鄂、湘和两广等地。

镇馆之宝

中南及台湾地区博物馆

湖南省

Hu Nan

湘水发源于海洋山,分离三分入漓江形成湘漓运河,史称灵渠。相传湘妃终日在舜陵前零泪相思,泪水洒在陵上称之为零陵,泪水滴在竹上染作了斑竹,泪水淌在路上汇成了河流,这就是潇湘二水。"唯余帝子千行泪,添作潇湘万里流。"湘妃多情的故事历来传唱不衰,著名的如"潇湘水神"、"潇湘妃子"。

潇水支流濂溪,乃周敦颐故里,其在此悟道创立了理学。理学后经程颢、程颐继承衣钵,再经张栻,朱熹发扬光大,延续至王阳明、王船山推陈出新,影响极为深远,曾经引领了宋、元、明、清四朝主流思想。今天在理学摇篮长沙岳麓书院尚有濂溪祠祀周敦颐,书院门联则称:"吾道南来原是濂溪一脉,大江东去无非湘水余波。"道南正脉理学,浩浩荡荡,直指儒宗孔孟,并称"潇湘洙泗"。

"惟楚有材,于斯为盛",道尽了岳麓书院历史上人才辈出的事实。"惟楚有材,三湘弟子遍天下,于世无偶,百代弦歌贯古今。"在这所学府里,经一代代书生苦心经营,使它成为中华民族优秀人才的摇篮,学术思想文化创新的基地。"业精于勤,漫贪嬉戏思鸿鹄,学以致用,莫把聪明付蠹虫。""经世致用"是岳麓书院所倡导的一种学术宗旨和教育宗旨。在这里从教的学者强调，一切学问必须有益于治国安邦、国计民生，才具有价值与意义。岳麓书院重视培养学生治国安邦的才能，以及传授有关国计民生的知识，并逐步形成了一种经世致用的价值取向。

中南及台湾地区博物馆 镇馆之宝

湖南省博物馆

青铜象尊

【商代晚期　镇馆指数★★★★★】

在湖南醴陵县境与株洲市交界处,有一座高约400米的狮形山,1975年,当地农民在这里挖坑植树时,于距表土15厘米深的地层中,偶然发现一件以象为造型的青铜器,出土时右耳略残缺,象背上的盖已缺失。这件定名为象尊的青铜器,现珍藏于湖南省博物馆。

象尊久埋于地下,出土时呈碧绿色。周身铸满各种纹

湖南省 Hu Nan

【青铜象尊】

饰，通高 22.8 厘米，宽 14.4 厘米，长 26.5 厘米，重 2.75 千克。象的造型，躯体肥硕敦实，长鼻高翘，鼻孔向前平伸，嘴向前突出，露出剑齿状门牙，粗短颈，眼、眉突起，有较大耳盖，象背平直，四肢均匀，粗壮有力，足有五趾，各被蹄；尾短下垂、尾接臀部处有一道扉棱突起，整个象形的雕塑生动逼真。象尊上铸造的花纹奇异繁褥，象鼻前端仿凤鸟形，铸出凤首钩缘、凤冠和眼等，凤冠上伏一虎，虎口朝向象额，口衔一兽，鼻下端构成另一倒悬蟠螭，整条长鼻装饰鳞瓣状纹样；象的额头上方有一对浅凸圆涡状的蟠螭纹；耳盖正面为云雷纹，耳孔凹进，耳盖背部有凤鸟凸起，耳盖下近额部下方也有交错凤鸟图案；从颈部到臀部及四肢，用云雷纹作地纹，分别铸饰虎、夔龙和凤鸟等图像，腹前段饰似象头的龙纹，前腿上，一虎正向象腹爬行，后腿腹近尾处伏一夔龙，皆清晰可见。

现在已流散在国外，据说也是湖南出土的一件夔纹象尊，它的形制、大小、花纹和铸造工艺都和醴陵象尊极为相似，该尊保存完好无缺，其背盖板上立有一只小象，可作为醴陵象尊复原的参考。这件塑形成象的尊，应是一件盛酒的容器，象背的椭圆口即为尊口，酒可从此注入。鼻孔与腹部相通，用作流口，酒可从鼻孔流出，整个器物既有象的形象，又具尊、壶类的实用功能。

象，是现代地球上最大的陆生动物。从它出现以来，历经沧桑，生活圈已越来越小了。生活在高寒地带的猛犸毛象已在数万年前绝灭，在我国伴随第四纪大熊猫动物群不断南移的亚洲象，除了在各大动物园能看到外，仅生存在云南境内北回归线以南的南滚河—西双版纳自然保护区内。但历史上的情况就不一样了。近年来，在湖北天门石家河的屈家岭文化遗址中，发现了一大批种类繁多的鸟兽类小型陶塑，其中有多种造型生动的泥红陶象塑，可以编队成群。这说明江汉平原北部的山林地区，4 000多年前有象类生存出没其间。约1 000年后的商代，这种生态可能很少改观。河南安阳殷墟的发掘，有象骨出土，甲骨文卜辞时有"获象"记载。《吕氏春秋·古乐》还谈到"商人服象，为虐东夷"，说明商人曾出动象队去攻击居于黄淮间的东夷族。所以，商人在铸造青铜象尊时，完全有可能以真象为模特，才造出了如此逼真的象尊。

在湖南省的宁乡、岳阳、长沙等地，历年来不断在山上、河湖畔出土过各种商代铜器，如兽面纹铜罍、人面纹铜鼎、铜尊、猪尊、兽面纹铜铙等，它们都说明了南方商代青铜文化的发达，引起了学术界的重视。考古学家认为，这些出土的铜器看来似乎是孤立的，却很可能是当时奴隶主贵族祭祀山川、湖泊而奉献埋藏的器物。

战国帛画

【战国　镇馆指数★★★★★】

中国绘画艺术源远流长，早在人类文明刚刚出现曙光的时候，绘画这朵艺术之花就已经开放在祖国的土地上。从上古时期的彩陶和精美的青铜器中，可以窥见那深厚而质朴的风采，这些，距今已有四五千年的历史了。作为独立意义的中国绘画作品，我们现在能够见到最早的实物，要称1949年在湖南长沙陈家大山战国楚墓出土的《人物龙凤帛画》，和1973年在长沙子弹库战国楚墓出土的《人物御龙帛画》。这两件帛画距今2 300多年，可谓中国卷轴画的宗祖了。

第一幅帛画高约28厘米，宽约20厘米，画在一块不大的丝织物上，这种丝织物在古代称为"帛"，所以就叫"帛画"。画面上绘一侧立的妇女，细腰，头后挽一垂髻。衣服很长，拖到地上，并向两边张开，她的腰带很宽，衣袖很大，袖口上绘有花纹，但已经不太清晰。她双手合掌，弯曲向上做祈祷状。前上方，飞翔着一只凤鸟，翅膀张开，头高高抬起，鸟的尾上飘舞着两根长的翎毛。鸟的两脚，一只前曲，另一只向后伸，都露出有力的脚爪。鸟的前面

蜿蜒着一条蛇一样的动物。头向上，与凤鸟相对，头部比较模糊，但还能看出左右各生有一只角，身上有一道道的环纹饰，它还长有一只脚，脚爪伸向凤鸟的头部。

关于这幅画的内容，有几种不同的解释，郭沫若根据当时楚国有"其俗信鬼而好祀"的记载，认为这幅帛画中的凤鸟象征着生命和善美，画中蛇一样的动物是"夔"，象征着死亡和邪恶，经过斗争，善美战胜了邪恶，生命战胜了死亡。画面下部的妇女正在合掌祈祷，暗祝凤鸟战胜夔龙取得胜利。湖南省博物馆蔡季襄、考古学家孙作云则不同意郭沫若的解释，认为画面没有那么多的内涵，画中妇女就是墓主人，而龙和凤都可以往来于天地间，是引魂升天的驾驭之物。《离骚》曰："吾令龙凤飞腾兮，继之以日夜。"汉刘向《远游》云："驾八龙之婉婉兮，载云旗之透。"所以，这幅画就是一幅"升仙图"，说明墓主人希望死后能得到龙和凤的引导升入天界，以求得再生。

画主要用线条描绘，造型简练明快，人物的嘴唇上点有红色，虽然线条显出早期绘画的稚拙，但从中可以看到中国传统绘画的独特风格即以线造型，在战国时代就已形成，在用笔和设色上已经积累了相当的经验。但这幅画对人物面部刻划还比较粗略，并带有一些装饰意味，显出早期绘画的稚气。

第二幅帛画高 37.5 厘米,宽 28 厘米,出土时,上端裹着一根很细的竹条,上面系有棕色的丝绳,看样子原来是用来悬挂的。画面正中为一有须男子,身材修长,高冠长袍,腰间佩剑。从其装束及棺撑制度推测,当是大夫一级的贵族,也是墓主。他侧身直立,神情潇洒自若,手执缰绳驾驭一龙,其上方为华盖。龙略像舟形,左下角画一鲤鱼,似表示龙行于水中。在龙尾上又画一立鹤,圆目长喙昂首望天。鹤在古代传说中常被作为天国中供仙人乘骑的神鸟,故也称"仙鹤"。画中华盖飘带随风拂动,人物衣袂飘举,显出凌空飞速前进的样子,这些共同构成了一个主题:大夫御龙登天升仙。郭沫若作有"西江月",对此图作了形象的描述,词曰:"仿佛三间在世,其翘孤鹤相从,陆离长剑握拳中,切云之冠高耸。上罩天球华盖,下乘湖面苍龙,鲤鱼前导意从容,瞬上九天飞动。"

这幅画较前幅略晚,约相当于战国中晚期之交。其主题思想较前者明确,艺术表现技巧有较大的提高,人物神情刻划生动,线条匀细而挺劲,流利飞舞,较之前者丰富而有韵律感。设色也复杂起来了,在单线勾勒后,平涂与渲染并用,其中一些地方还加用了金、白粉,它也是迄今发现用这种画法作画的最早的作品。可以说,我国工笔重彩画在 2 000 多年前已形成雏形,从中,可以看到当时绘画所达到的高超水平,当时它已经为中国绘画艺术的发展奠定了基础。战国帛画在绘画史上占有重要的地位,这两件国之瑰宝现藏湖南省博物馆。

印花绕襟深衣
【西汉　镇馆指数★★★★★】

长沙马王堆一号西汉墓出土保存完好的成件的衣物共有 58 件。属于服饰类的共 27 件,计有丝锦袍 11 件、夹袍 1 件、单衣 3 件,以及手套、裙、鞋、袜、香囊、镜套、竿衣、丝巾等若干,大型木俑着衣的服饰,有罗袍、绣花袍和泥金银彩绘袍等,其中印花敷彩纱锦袍和绕襟曲裾袍(深衣)代表了汉代楚地长沙国的服饰特点。印花敷彩纱是首次发现的汉代印花和彩绘相结合的高级丝织品。敷彩是指在织物上按纹样着色敷彩,印花是在织物上用型板局部染色显花的工艺技术。就其发展过程来说,敷彩是印染的先导,印染是敷彩的发展。敷彩,又称填彩、彰施,古

【印花绕襟深衣】

湖南省 Hu Nan

籍上称为画绩。早在周代就设有画绩的工师。帝王穿着的是画绩的衣裳如纬衣（画衣）。马王堆出土的印花敷彩纱锦袍及表被共有五件。从出土的实物看，印花的工艺已采用凸版（阳纹）和镂空版（阴纹）两种。色彩已有五六种之多，色彩保存得最好的是朱红色、银灰（硫化铅）、粉白（绢云母）、泥金（金粉）、灰（硫化铅和硫化汞混合物），墨黑等天然矿物颜料。使用这些颜料，制成色浆，在预制的版型花纹上进行涂布模印，显现出印制的花纹效果。这块出土的印花袍实物，说明了汉初已有印花敷彩相结合的新工艺技术。其纹样是连续的藤本植物的变化形象。单元图案较小，外廓呈菱形网状，印花菱形单元图案的高约为40毫米，宽约为22毫米。印花的图案由4个单元图案并作一版，即并成长8厘米，宽4.4厘米的大菱形网版，以提高印花工效。即使如此，每米800多个单元图案，仍需2面余版才能完成印好底纹。印制的灰色藤蔓底纹，使整个印花单元图案造成了一个排列整齐，分布均匀的菱形网状框架，也就是打好了后部敷彩描绘的工艺基础，接着按设计的图案进行彩绘。敷彩的工序有六道：第一道用朱红色绘出"花"（红须）；第二道用重墨点出花蕊；第三道用黑灰色绘出"叶"（浪纹）；第四道用银灰色勾绘蓓蕾；第五道用棕灰色勾绘苞片；第六道用粉白勾绘和加点，以形成线条流畅，设色鲜明的花纹。印花敷彩纱能在很小的单元图案中，安排丰富和变化多端的纹饰，施彩鲜艳而协调，又层次分明。这种印绘结合的印制工艺，所花费的劳动力可能仅次于绣花，但它完全突破了汉代织锦和刺绣文饰的束缚，使人感到别具清新雅洁、纹色华丽的自由风格。

印花敷彩纱绕襟锦袍，是属于汉代的深衣制式的一种。深衣是古代最早的服饰之一。深衣的特点是上衣与下裳相连成一体。《礼记·深衣》唐陆德明注："名曰深衣者，谓连衣裳而纯之以采也。"即衣裳相连，被体深邃，故谓之深衣。《礼记·玉藻》："诸侯夕深衣，条牢肉。""大夫士朝玄端，夕深衣。"在春秋战国时期，深衣是诸侯朝祭的次服；诸侯以下自深衣以后无余服，故又为庶人吉服。深衣在制作时上下分裁，中间有缝连属。深衣的制式下裳用六幅，每幅又交解裁为二，共十二幅，所以又有说："制十二任，以应十有二月。"深衣的长度大致在足踝间。深衣的裳幅采用上狭下宽的裁方法，这样可使下裳宽大，便于行走，深衣还需续衽襟缘，是为掩裳的开露。深衣发展到汉代，出现了许多样式。马王堆一号汉墓中就有

"曲裾深衣"、"绕襟深衣"等，但这种深衣的连衣裳形式与周制有所区别，剪裁采用独幅的袍制，且汉代不局限于男子所服，妇女也可穿着。汉代的官吏夫人以此为礼服。长沙国軑侯夫人的随葬穿粉的印花敷彩纱锦袍，就是表明生前的衣着服饰特点。出土曲裾式深衣是上衣与下裳相连，上衣的袖部似现代的蝙蝠袖，下裳裁制成腰部细，下摆大而呈圆弧形，衣襟特阔右枉，下裳的开幅直襟和下摆镶缘宽大，可以包裹至身后，并用绅带系扎，将腰裹紧，以显示妇女的形体美。绕襟式深衣的上衣与曲裙式相同。下裳的左面衣襟前后缝合，右枉斜襟加长成三角状。枉襟可绕过腰部，尤其是制成绵衣绕到身后的胸背部。再系带扎紧，对于冬天的服饰锦袍，更有较好的保暖效果。

素纱禅衣

【西汉　镇馆指数★★★★☆】

1972年，长沙马王堆一号汉墓出土了一件稀世珍品——素纱禅衣。这件薄如蝉翼的素纱禅衣身长128厘米，袖长190厘米，重量（包括领和两个袖口镶边在内）为49

【素纱襌衣】

克（不到一两），它是现存的年代最早、最轻薄的衣服。

素纱是指一种单色、纤细、稀疏、方孔、轻盈的平纹丝织物。纱最早的记载见于《周礼·天官·内司服》：掌王后之六服，伟衣、揄狄、鞠衣、展衣、缘衣、素沙（纱）。它是作为王后的内衣或夏天穿的高贵服饰。在马王堆一号汉墓主人轪侯（长沙国相）夫人的随葬品中就是这种浅赤色的素纱制成的襌衣。"方孔曰纱"，纱的孔眼均匀，布满整个织物表面。纱的经丝和纬丝纤细，交织成的孔眼很大，其透光面积一般在75%左右。因此纱的特点是质地轻柔透亮。古诗形容它"轻纱薄如空"。古

【素纱禅衣】

代丝织物的出现,首先是因为生产上筛网的需要。由于这种织物的孔眼较细,只能通过小小的沙粒,所以就把它称为纱了。另一种说法是:由于纱织物的经密和纬密都比绢、缣稀少,故纱字就按形声由"系"和"少"组成。素纱是秦汉时期做夏服和衬衣的一种非常流行的织物。据《中华古今注》记载:"纱衫,盖三代之衬衣也。"有一次,汉高祖刘邦与楚霸王项羽战于荥阳,刘邦归帐,汗透中衣,遂改名为汗衫。使用丝织作纱衫,已有2 000余年的历史了。

马王堆一号汉墓出土的素纱禅衣,其素纱的织物密度稀疏,经密为58根/厘米,纬密为40根/厘米,每平方米的织物为15克,可以说是现在仅存的最轻薄的织物。经纬丝的直径很细,经纬丝的投影宽为0.08毫米,蚕丝的纤度级细,单根丝为10.2~11.3旦,这样微细的纤度,和近代缫出最精细的蚕丝十分相当。就是说，由于蚕茧的丝纤度经改良后渐粗。要缫制出这样细而匀的蚕丝，必须有熟练的技术的缫丝工，才能制作的。这块浅赤色素纱，轻盈精湛，孔眼均匀清晰，充分体现织造工匠的高超技艺。其轻柔稀疏的程度，可与现代轻薄透明的纱织物相媲美。

马王堆T字帛画
【西汉　镇馆指数★★★★★】

汉代盛行厚葬，人们都以为人死后的灵魂是不灭的，可以升入天界。他们在覆盖棺撑的帛画上，描绘出灵魂升天的情景和灵魂所生活的天界仙境，以寄托渴望成仙的遐想。虽然这类引魂升天的内容在战国帛画中就已出现，但想象力最为丰富、表现最富浪漫色彩的当属长沙马王堆出土的西汉帛画。

1972年以来，在长沙马王堆发掘了三个西汉墓葬，这是长沙相轪侯利苍夫妇和他们的儿子的墓穴，其中以一号墓出土的T形帛画最为注目，这件帛画上部宽92厘米，下部宽 47.7 厘米，长 205 厘米。它是出丧时作为"遣车"先导所打的"幡"、也被称作"非衣"，有引魂升天之意。它上面的画面分为三部分，最上端画的是天国现象。正中人首蛇身的女子是上天的主宰神女娲，左右两边画有五只神鸟，右上角绘有扶桑树，树梢有一轮红日，里面立有太阳神金乌，树枝间还有八个小太阳，据神话传说，古时天上有十个太阳，轮番照射，相替栖于扶桑树间，这里为什么只画了九个，研究者们说法不一。左上角画有弯月、蟾蜍和玉兔，一个女子正乘龙飞入，这大概即是吞食仙药奔月的嫦娥。下方为象征天门的双阙，两守门人面目相对，正娓娓而谈，阙顶各有一豹护卫。中段为人间世界。在华盖下面，画一老年贵夫人拄杖而立，她就是墓的主人，利仓的妻子。在她的前边有两名着刘氏冠的男子在跪献某物，后有三婢女相送。这是画面的中心，也是作者着力描绘的重点。它通过表现墓主人华丽的服装、侍者的恭候和跪送的奴主关系，反映出墓主平和与安闲自得的神态，是当时统治者在"无为"、"节欲"等伪善口号掩盖下纵欲享乐的真实写照。

中段的下端，玉璧垂磬，彩帛帐分飘左右，其下有七个着刘氏冠的男子分左四右三拱手而坐，中间有鼎壶等食

【马王堆T字帛画】

湖南省
Hu Nan

具,画面最前边还陈置了一排鼎壶,表现了"列鼎而食"的奢侈场面。

下段为地下一裸体男子双手托起象征大地的平板,脚踏双鱼,空白处还画有青白二龙,左右各画一龟,背驮猫头鹰,巨人前面还有一些水族在游弋,古时认为大地是浮于海上的,故地下部分多画以水族。

这幅画的内容极为丰富,从人间到天上、地下,从现实到幻想,从人神、飞禽、水族、爬虫到日、月、云、树和工艺品等,画家把这些繁杂的事物形象,有机地组合一体,表现手法多样而协调。高度的装饰性和写实手法相结合,也是这幅帛画艺术上的一大特色。画中的飞鸟、异兽动态强烈,并略作夸张,而图中的人物却很写实,人体结构、比例恰如其分,线条劲秀流畅。

画面的构图,作者利用T形式样横竖的不同,巧妙地作为人间和天国的分界,使得画面和谐自然,图中繁杂的内容,众一多的形象,既能相互联系,又不显得零散杂乱。尤其是人物形象,神态各异,颇为生动;体态肥胖的墓主人,头向前倾,背微驼曲,动作庄重缓慢,相当成功地刻画了一个贵族妇女的形象。

在色彩的运用上,整幅帛画以暖色调为主,较多使用

了红、黄、褚等颜色，其中又间施白粉，采用平涂加渲染的着色手法，使画面色彩浓烈多彩，富丽华贵。

云纹漆案及杯盘
【西汉　镇馆指数★★★★☆】

1972年1月，湖南省博物馆在长沙市东郊马王堆发掘了一座西汉墓，墓中因出土一具历时2 000年而未腐的女尸轰动国内外。该墓出土各类文物达千余件，其中漆器量多质精，尤值称道。这里所要介绍的云纹漆案及杯盘，即属漆器里的佼佼者。这是一套汉代富贵人家的餐具，包括漆案一件及置于案上的五盘、一杯、二卮，五件盘内还盛有食物。根据墓中同类器情形分析，可能放的是牛、鱼、雉等禽兽肉和面食，耳杯上摆竹箸一双，古人事死如生，这摆设俨然是表明墓主人每天还要到此用餐。

案为斫木胎，长方形，通高5厘米，长60厘米，宽40厘米。平底，四边有栏，底部四角附有高2厘米的矮足。案面依器形髹红、黑漆，红漆处素面，黑漆地上绘红色和灰绿色云纹，内外壁均涂几何云纹。黑漆地冷、单调、沉寂。然其上用红或灰绿漆所绘花纹如高山流水,曲直疾缓,变幻不定,疏密有致,使全器表现在装饰上有动静结合之效,不失雅致与柔和的整体风格。案底髹黑漆,素面,红漆书"轪侯家"三字。古人席地而坐,就案前进食,战国及其后文献多有记载,如燕太子丹与勇士荆轲常常"等案而食",以示尊敬。西汉初赵王张敖对刘邦十分谦恭,吃饭时亲自"持案进食"。最为人熟悉的则是东汉人梁鸿的妻子孟光"举案齐眉"的故事。史书所载食案,与这件云纹漆案的形状大体相去不远。

案内所置五件食盘,造型、装饰均一致,口径18.5厘米。旋木胎,平底,内髹红漆,中心黑漆地,朱绘卷云纹

【云纹漆案及杯盘】

四组，纹饰间嵌黑漆书写"君幸食"三字，相互构成一个圆形的图案。"君幸食"者，意为希望主人多进饮食，匠人用心之良苦，可见一斑。口沿上朱绘波折纹和点纹，口沿内朱绘线纹和B形图案一道。全器底、腹、口各部分用朱、墨二色，朱色轻巧，墨色凝重，颜色搭配极为合理，所饰花纹也舒展大方，颇令进食者惬意。

两件卮，一为卷木胎，无盖，有耳，外壁以红、褐二色漆绘三道卷云纹，耳上朱绘兽面纹，器内黑漆书"君幸酒"三字，器底红漆书"二升"。墓中竹简文字所述随葬品中有"二升卮"，当指此器。漆案上所置另一件卮，该器造型极为精致，夹纻胎，有盖有耳，耳、钮上均有鎏金铜环。盖和器壁的黑漆地上针刻云气纹，云气间有两个龙头怪兽，线条细如游丝，流畅奔放。西汉《盐铁论·散不足》中所说"银口黄耳"，即指这类镶有鎏金铜耳（黄耳）纽的漆器，十分贵重。

耳杯一件，内髹红漆，用黑漆书写"君幸酒"三字，外壁和杯底只髹黑漆。耳杯，文献中多称"羽觞"，"羽觞"最早见于楚辞《招魂》："琼浆玉酌，实羽觞些"，墓中木简上称"小具杯"，古时用于盛酒，间或盛羹。《史记·项羽本纪》上有"幸分我一杯羹"的记载，马王堆汉墓出土耳杯上有的写着"君幸食"的文字。这件耳杯因明确写有"君幸酒"三字，肯定是一件酒器。

这套漆器的拥有者是西汉长沙国丞相、軑侯利苍的妻子，器物上"軑侯家"三字可为证。1973年，考古学者已在马王堆发掘出利苍本人的墓葬。西汉时漆器比铜器贵重，一件绘彩漆杯可抵得上十件铜杯，所以一直被视作奢侈的表现。《盐铁论》曰："良民文杯画案，婢妾衣纨履丝……所以治乱也。"然而，像利苍这样的王侯家族，却家藏不下数百，且以大量陪葬。根据同墓所出器物上的"成市草"铭记，这批漆器可能产自四川成都，它们不仅具有很高的观赏价值，而且对了解中国2 000多年前人们的生活方式、漆器工艺水平、礼仪制度等都有很大帮助，当然也就十分的珍贵。这套餐具现藏湖南省博物馆。

镇馆之宝

中南及台湾地区博物馆

江西省

Jiang Xi

赣文化是中华民族文化的子系统。近代以来，新淦（现新干）出土的青铜鼎、余干出土的陶器、靖安出土的古剑古扇这些文物表明，江西或许在殷商时期，就应经拥有了一个独立于中原的文明体系。而现在赣文化的研究者们也普遍认为：赣文化的主轴是古越文化，它不断地融合了南下的中原移民带来的华夏文明，从而形成了江西特色的赣文化体系。

赣文化是以江右人民的生产实践为基础、以赣鄱农业文明为核心，历经数千年发展起来的一种特色文化。万年仙人洞文化见证了江西上万年的水稻耕作历史，自然条件的优渥使得江西农业非常发达，随着人口的繁盛也就有"万点青山万户烟"的江南景致。但也因为如此，东、南、西三面环山，北面临江的江西地理环境使得赣地人民恋于温饱、安分守故。江西人的"官本位"意识浓重，但又好于争讼。这也得利于江西书院教育兴盛、科举文化强势的历史传统，"耕读传家"被公认为处世准则。

古代书院曾在我国教育发展史上占有重要的地位，江西素称人文之乡，在书院建设方面因其起步早、数量多、影响大等特点而颇负盛名。自唐代以来，江西逐渐成为中国封建教育与文化传播的中心,是中国古代书院的起源地,江西有唐代后期的浔阳陈氏院学和东佳书院等我国最早的私家书院,书院的数量、质量、规模、影响均为全国之首。在我国古代书院1 000多年的历史中,江西是最发达的省份之一,并数度"独领风骚"。

江西省博物馆

立鹿四足青铜甗

【商代晚期　镇馆指数★★★★★】

　　1989年9月20日,江西省新干县大洋洲的农民在程家村涝背沙丘取土,无意中挖到了埋藏在地下的青铜器。其后,江西省文物考古研究所等单位前往发掘,出乎意料的是,这里竟然是一处商代遗址。出土的文物相当丰富,在不足40平方米的范围内,有铜器、玉器、陶器、骨器等1374件,其中青铜器有475件之多,种类之齐全、器

江西省 Jiang Xi

【立鹿四足青铜甗】

型之繁富，令人瞠目。

甗是古代蒸煮食物的器皿，已经出土过不少，大多为三足甗，甑、鬲分体。新干出土的是四足甗，高105厘米，重78.5千克，甑、鬲连体，鬲的分裆较高，四足中空，上部呈袋状。新干大洋洲发现的兽面纹鹿耳四足青铜甗，是迄今所见最大的甗，所以很快赢得了"甗王"的美名。甗的设计很有创意，双耳各铸一幼鹿，一雄一雌，躯体圆壮，短尾上翘，头向相反，回眸相顾，表情质朴。鹿身布满类鳞片纹，腿部饰类云雷纹。甑的上腹部有四组浮雕式牛角兽面纹，上有一对牛角，尾上卷，背脊上饰刀羽状纹，下腹部素面，饰有凸弦纹。出土时，甗的外底部和足内侧有较厚的烟炱，说明是实用的器物。

遗址的性质什么？遗址位于沙丘之中，没有明显的墓壁，棺椁已经朽烂无存，也不见墓主的尸骨，而埋藏的器物却是如此集中。那么，它究竟是墓葬，还是窖藏，或者是如同三星堆那样的祭祀坑？考古工作者清理了墓底，根据残存的蛛丝马迹判断，这是一座长方形的土坑墓，一棺一椁，大体呈东西走向，长2.34米、宽0.85米。棺室东西两头各有宽1.2米的二层台。由于腰带、串珠等玉器是按照质地、大小和色泽等呈南北向弧形排列，可以推知墓主的卧向为头东脚西。著名考古学家邹衡先生前往考察后，认为确是一座墓葬。因为窖藏大多是藏重要的器物，不会大量埋藏日常使用的陶器。

从墓葬的规模、出土的器物看，这个墓主人是地方的第一号人物，即国王。出土的陶瓷器与吴城遗址出土的基本相同，显然是属于吴城文化的系统。吴城文化是中原风格与土著文化相结合的产物，它所包含的文化因素有两种倾向：铜器接近于中原殷商文化，而陶器的地方特色相当浓厚，无论是质地、器类，还是形制、花纹，几乎没有与中原完全相同的器物。因此，这位国王一定是土著居民的国王。

新干商墓的铜器是哪里制作的呢？绝大多数鼎的铜耳上，都加铸了铜伏虎，扁足圆鼎的扁足纹样也采用了虎形纹，说明虎是该地区铸铜工艺的重要标志。许多铜器器表的饕餮纹中除鼻与目外，多衬以云雷纹，中原郑州二里岗期上层青铜容器很少有这种情况，可见是新干青铜器的又一重要标志。江南地区的印纹陶、几何印纹硬陶和原始瓷器的装饰纹样中，云雷纹非常普遍，新干青铜器的云雷纹与印纹硬陶与原始瓷器是一致，说明这批青铜器是当地铸造的。新干可能是一个相当强大的国家统治点所在地。

在中国的青铜时代，江南地区已经出现了与中原文化同样先进的文明，并已进入文明社会，建立了国家。吴城文化是赣江中下游地区一支受到中原商文化强烈影响的土著青铜文化。新干出土铜器如此集中，形制如此新奇，工艺如此先进，在江南地区商代铜器中尚属仅见。

羽人形玉佩饰

【商　镇馆指数★★★★☆】

玉器是深受古代贵族珍爱的物品，在商周的贵族大墓中，玉器都是大宗。新干出土的玉器多达754件，可分为礼器、仪仗器、装饰器和饰件四大类。其中出土时位于墓主的头顶部位的侧身羽人佩饰，可称我国商代玉雕的精品。

侧身羽人佩饰，高11.5厘米、身高8.7厘米，玉材为棕褐色叶蜡石，是一种由酸性火山岩和凝灰岩蚀变后形成的矿物，质地润滑，有蜡状光泽，色泽均匀，与浙江青田玉中的"紫檀冻"相当。器型为一羽人作侧身蹲坐状，正反两面对称。"臣"字目，粗眉，大耳，钩喙；头顶有鸟形高冠，尖喙，鸟尾后有圆角方孔，上拴三个链环。羽人双臂收于胸前，屈膝上耸，脚底有方形短榫，小腿下部有一

江西省　Jiang Xi

【羽人形玉佩饰】

斜穿孔。腰背至臀部有阴刻鳞片纹，两侧琢有羽翼，腿部琢出羽毛。羽人与套环用整块璞料琢成，三个链环为掏雕而成，活动自如，构思和技艺都不同凡俗。与殷墟妇好墓出土的侧身玉人相比，该器集人、兽、鸟于一身，而且有更多的神话色彩。有专家认为，应该是当地越族土著鸟崇拜的遗风。

　　链环与羽人为同一块玉料雕刻。这是一件用于佩挂的玉饰。这件侧身羽人玉佩饰和殷墟妇好墓出土的侧身玉人有相近之处，但也有明显的区别，如鸟形高冠，尖喙钩状嘴和线雕的羽翼。这些不同点，表明南方古代民族在仿琢殷商玉器时，更多融入了新的文化因子，这些新因子绝非是玉工们的随意创造，而是当地土著居民固有传统精神风貌的反映，是该地区土著居民鸟图腾和鸟崇拜的一种遗俗和变异。此件玉饰具有神人意味，它有机地把人、兽、鸟集于一身，想象丰富，构思精巧。此外，羽人环链采用掏雕工艺，技术水平要求极高，它的出现，纠正了以往认为掏雕环链工艺起始于明代的传统看法。

　　大洋洲玉器群在文化性质上强烈地表现出双重性。即无论是从玉器的类型，抑或是造型、装饰纹样，乃至制作工艺都在很大程度上表现出与中原殷商文化的一致性。诸如璧、玦、琮、环、璜和戈、矛、铲以及装饰品中的柄形器、莽形器等，都与中原殷商时期同类玉器造型相近；玉器上的斜方格纹、菱形纹、回字纹、对角几何纹和臣字目的兽面纹等装饰纹样，也是中原二里头文化玉器上常见的纹样。中原殷商时期玉器纹饰的制作方法，特别盛行平行的双线雕，运用减地手法，即先阴刻双线，然后将阴线外侧的地子均匀地琢低一层，双线之间便浮出一道阳线。大洋洲玉器中的璧、环都是采用这种方法制作的，器面饰以数量不一的同心圆线。

当然，大洋洲玉器群也有自身的一些特色。比如，在器物种类方面。礼器有璧、琮、璜，中原地区常见的圭、璋、璩不见。大洋洲玉器群这种既具有商代古玉的普遍共性，又带有某些自身个性的双重特征，无疑是商代南方地区一批典型的标准玉器，它对中国古玉的研究，特别是对传世古玉器的断代和鉴赏有着特殊的意义。大洋洲玉器，造型生动，雕刻精湛，体现了商代工艺美术的最高水平，它像一面镜子，透露出南方青铜王国发达的琢玉业信息，为追寻其玉器加工、产品特点等提供了丰富的标本。大洋洲玉礼仪器，是商代礼仪制度的一种表现，是社会等级制度的物化表现，为我们研究江南商代社会生活提供了第一手资料。通过它们，我们可以了解当时人们的思想意识、宗教观念，并且使我们对当时的礼仪制度有了一个基本认识，也为商代玉器文化注入了新的内涵。

纪年青花釉里红楼阁式谷仓

【元　镇馆指数★★★★★】

宏观的建筑、华贵的样式、复杂的构架、细刻的构件、多重的釉彩、精雕的人物、丰富的文字、独特的地域文化、浓重的佛教气韵、元代精湛的瓷艺与地方深厚的文化交汇融化，这些特色在1974年景德镇市郊后至元四年（1338年）墓出土的元代纪年青花釉里红楼阁式谷仓上表现得淋漓尽致。在这座戏台之上，一场元代大戏还未谢幕，戏者演之，乐人奏之，唱腔乐声仍在空中回荡，文化魅力经久不褪。

此谷仓为重檐庑殿顶楼阁式仿木结构建筑，通高29厘米，长20厘米，宽10.3厘米。面阔三间，中间开阔，次间较窄。深为三进，中跨较大，前后较小。有8柱，中间主柱粗，两边侧柱较细。主柱之间完全封闭，主柱与侧

江西省 | Jiang Xi

【纪年青花釉里红楼阁式谷仓】

143

柱,侧柱间则完全敞开。楼阁分为两层,楼面错落,中高侧低。侧楼约为主楼半高,檐面大致平齐于主楼地面。故整个建筑样式独特,似为两层,实为三层。二楼面上独立起往,并非地层柱子延续。因而二楼中部内收,实为三间一进,前后敞开,侧面封闭。中横隔板,分为前后,板中镂花,四片细叶,状如十字,连珠修边。二层楼面前后装置栏杆,框中加饰如意云头。庑殿屋顶正脊两端各有一兽,蹲坐姿,面向外,张大嘴,披毛,一身威严之气。一朵莲花落于正脊中间,复瓣座,圆苞蕊。侧旁屋顶斜出三面,上置莲花座顶。整个建筑屋面瓦脊、水沟分明,莲瓣瓦当,瓣尖高出,瓦脊上端加饰大珠。所有垂脊之上均有卷云飘浮,脊角凌空起翘,下置卷云角帐。底层四周围以栏杆,每面中间均留通道开门,两侧对称布置。前后每侧为二栏相连,侧面每侧则一栏独立。立柱和栏杆串珠连成,柱杆间长方框内夹菱形连珠框,局部镂空通透。柱头莲花,前衬荷叶,杆中增饰如意云头。

【纪年青花釉里红楼阁式谷仓】侧面

18位各式人物散布于建筑之中。楼上大厅正中，摆放高大座椅，两旁各立侍女，妙龄妓容，头梳丫髻，身着长衣，手持宫扇，旁边侍服。廊外两边各有一名女子，身段修美，婀娜多姿，肢体转动，水袖长舞。后背廊中四名女子一排站立，演奏乐器：右边一人，怀抱柳琴，抚弦奏乐，中右一人，颈挂鼓带，手拍腰鼓；中左一人，左拢琵琶，右指弹弦；左边一人，双手相持，低头吹箫。侧楼各有两人站立：右侧一人横吹笛子，手指按捺；另一人双手抱笙，指压鼓吹。左侧一人手拿夹板，张开拍打；另一人抱琴拨弦，进行演奏。楼下周廊6人，服饰基本相同，头戴无脚幞头，身穿斜领长衫，腰系长条绦带。大门两侧栏内，各站一名侍卫，身姿笔挺直立，双手紧握长棒。左右两侧各有两人待侍。右侧两人姿势相同，身体前倾，双臂弯曲，似在抱物。左侧一人臂曲相叠，长巾直挂，一人左手垂下，右手拿盆。

谷仓前后侧面多处书写文字。正中大门青花书写对联一幅，上联"禾黍丰而仓廪实"，下联"子孙盛而福禄崇"，横批"南山宝象庄五谷之仓"。两面侧壁釉里红书写文字，竖直排列，右侧"凌氏墓用"，左侧"五谷仓所"。

背面仓板上青花书写159字长篇墓志铭。据墓志记载，谷仓的主人是景德镇长芗书院院长的孙女凌氏，长芗书院

【纪年青花釉里红楼阁式谷仓】局部

位于景德镇，死者葬地"南山"也距景德镇湖田窑不远。凌氏死于后至元四年五月廿三日，葬于同年七月初四，中间停灵一个多月。很可能在这一个多月的时间里由湖田窑设计制作出这件楼阁式谷仓。由于时间仓促，加之是随葬明器，这件器物并未按严格工艺要求制作，采用的是国产钴料，施青白釉，以青、红彩绘点缀装饰。青花呈色浅处为蓝灰色，深处泛褐色；釉里红浅处呈紫红色，深处泛褐色。

整件器物飞檐、朱栋、雕栏、亭楼浑然一体，造型别致，华贵绚丽，是元代中期景德镇的杰出代表作品，也是目前仅见的有确切纪年的青花釉里红瓷器，具有极高的研究价值。

江西省 | Jiang Xi

婺源博物馆

黑釉盏

【南宋　镇馆指数★★★★☆】

1986年，全国文物鉴定委员会第一次全国文物定级标准评审会在婺源博物馆召开。文物鉴定界耳熟能详的大专家汇集于此，婺源博物馆为何如此吸引他们？让这些专家流连忘返？经过几代文博工作者的辛勤努力，婺源博物馆现收藏文物1万多件，其中三级以上文物近千件，馆藏文物中以唐宋以来名人用砚、两宋纪年墓瓷器、明清书画、

【黑釉盏】

历代工艺品见优,被专家誉为"中国县级第一馆"。

　　婺源博物馆如此众多丰富的藏品从何而来?说到这里就不能不提婺源博物馆的前任馆长詹永萱先生。浙江的巨幅山水《黄山图》,是詹永萱先生在废品收购站买回来的。当时詹永萱先生与同事一起,去废品收购站接收一批普通文物,他擦掉地下的一堆破纸上面的尘土,发现是康熙年裱,再看题跋,就花3元钱买下,一出废品站忍不住内心的兴奋,告诉同事这是浙江的名作。今天被专家们一致认为是浙江最好的作品,詹先生花了3元钱买回了博物馆。

【黑釉盏】

江西省 Jiang Xi

婺源博物馆的瓷器数量不多,质量却出奇的高,有限的瓷器大都出土于当地墓葬。婺源博物馆藏一件吉州窑黑釉碗,就出自南宋庆元六年(1200)的汀州知州汪赓墓。禅宗对唐宋以来的文学、书画以及哲学等领域有着广泛而深刻的影响,早已引起海内外学界的普遍关注。那么,禅宗是否对中国古陶瓷产生过影响呢?众所周知,江西是禅宗五宗七派的共同发源地,禅宗文

化已成为江西历史文化的重要基因。宋代江西文学的空前繁荣，就与士大夫普遍流行的禅悦之风密切相关。不仅如此，禅宗的影响还渗透到了手工业领域，众多禅宗寺庙包围之中的江西吉州窑便是典型一例。

吉州窑瓷器中，给人印象最深刻的产品，恐怕非盏莫属。吉州窑的盏内外壁均施黑釉，按造型可分斗笠盏、束口弧壁盏和深腹盏三种。斗笠盏腹壁斜直、口径略大；束口弧壁盏腹壁较深、口径略小；深腹盏是吉州窑最为流行的器型。汪赓墓的黑釉盏属深腹盏，内外施黑釉，口沿有釉，底部圈足露胎，整器素雅无纹，口径为11.6厘米，底径3.8厘米，高5.8厘米，是吉州窑黑釉盏中纪年明确的精品。

吉州窑盏的主要功能是饮茶，而茶与禅的关系已达到"茶禅一味"的境界。至南宋时，禅茶在整个社会的渗透与普及极大地提高了禅茶文化的美学境界，茶器美学品格的提升也不例外，吉州窑桑叶盏就是这一背景下的产物。而"能通禅"的桑叶盏的设计，或有可能就是禅僧或参禅的士人所为。永和镇吉州窑即处于诸多禅寺包围之中，本觉寺更与窑场完全融为一体。此外，窑址中还发现"本觉""慧""太平""弟子蒋子通"等寺院订烧的标本。由此可知，吉州窑工与禅寺交往甚密，其瓷业生产极易受到禅僧需求和审美的影响。

还有一个值得注意的现象是，吉州窑引人注目的另一类盏——单叶盏的装饰多为枯死、残破的桑叶。这种装饰于静穆漆黑釉面上的残叶，不仅其装饰意境极富禅趣，而且与著名的禅宗公案——"体露金风"所蕴涵的禅理也颇为相合。

镇馆之宝

中南及台湾地区博物馆

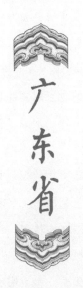

广东省

Guang Dong

岭南文化的发祥地位于珠江流域，而珠江流域和黄河流域、长江流域一样，都是中华民族文明的发祥地。岭南地区地处亚热带的五岭之南，依山傍海，整个珠江流域，河汊纵横，生活在这里的古百越族先民，生活离不开江海水运，他们喜流动，不保守，形成了区别于内陆文明或河谷文明的南越文化本色。

南越国的建立对岭南文化的形成发展有着不可取代的重要历史作用，从南越王墓的出土文物中，我们也不难看出岭南文化的博采众长，博大精深。岭南文化在固有的本土文化基础上，吸收了南迁的中原文化和舶来的域外文化，逐渐形成了独特的文化体系，在中国文化体系中占有一席之地，尤其是对中国近代史进程发挥着举足轻重的作用。今天，岭南文化仍然在发挥着其兼容并蓄、博采众长的特点，不断发展壮大，在中国甚至世界大放异彩。

赵氏王朝十分重视与周邦邻国及汉朝的关系和商业贸易，充分利用秦平南越时开辟的新道，发展与其背面的长沙国及中原等地的贸易往来。当时，开发南越所需的工具，铁器及马、牛、羊等，都是从长沙国等地通过贸易获得。南越王墓西耳室出土的印花铜凸板，经考古证实，上面的图案与马王堆汉墓出土的泥金银印花纱图案基本一致；出土于南越王墓东耳室北部的句鑃是吴越地区特有的打击乐器，但是钲部却有"文帝九年乐府工造"的铭文,说明这是南越王让越国工匠制造的吴越乐器;出土于南越王墓西耳室的楚式鼎,更是反映了当时南越国和楚地的交流,是楚文化对南越文化有所影响的物证。

  博大精深的岭南文化也吸收了舶来的域外文化。秦汉以来,海上丝绸之路开通,岭南作为始发地甚至是唯一通商大港,一直是中外文化交流的平台,东西方的商业文化、科技文化、宗教文化、政治文化都从这里登陆引进,近代以来其势更甚。外来文化给岭南文化注入新活力。古老的南越族不仅是海上民族,更是中国古代海上文化的先驱。在南越王墓遗址出土的大量文物中,有许多与古代海外贸易密切相关的舶来品,包括象牙、乳香(药物)、熏炉、金花泡饰、犀角模型、银盒、胡俑等不同种类、不同数量、不同用途的器物。其中,最具有舶来文化气息的当属莲瓣纹银盒,它被认为是岭南地区最早的"舶来品"。这一银盒造型及纹饰与中国汉代器物风格迥异,而与伊朗波斯帝国时期(公元前550—330年)的器物类似。这件银盒的莲瓣形花纹,是用锤揲法压制而成,一般认为,锤揲压制金银器起源自波斯文化,而此银盒同作花瓣形花纹的金银器皿,在西方多有发现。这一银盒与伊朗古苏撒城出土的刻有波斯国古文字(公元前5世纪)的银器也很相类。

中南及台湾地区博物馆 | 镇馆之宝

广东省博物馆

陈容墨龙图轴

【南宋　镇馆指数★★★★☆】

在古人心目中，龙作为通天神兽，具有无限的灵能，升腾蛰伏，往往含有至道的变化。或潜跃于九渊之下，与水族细鳞相邻；或行于九天之上，兴云布雨，泽被天下。因而龙德广大，常常被作为仁德的象征。对龙的形象，董羽在《画龙辑仪》中言："其状分三停九似而已。自首至项，自项至腹，自腹至尾，三停也。九似者，头似牛，嘴似驴，

【陈容墨龙图轴】

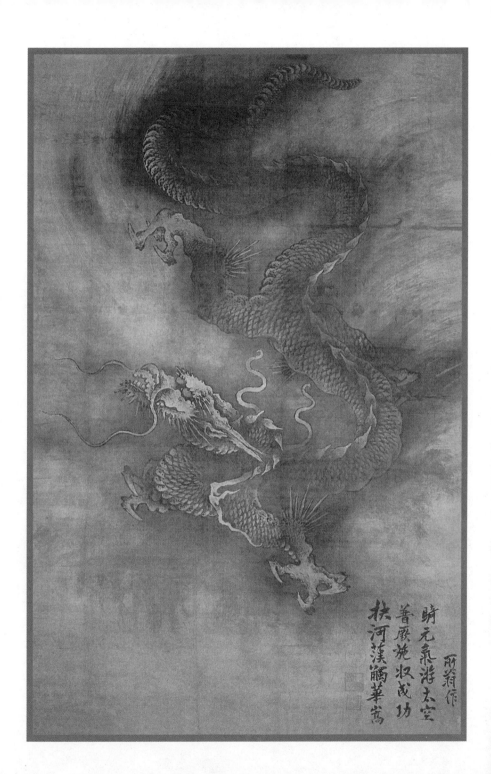

眼似虾，角似鹿，身似象，鳞似鱼，须似人，腹似蛇，足似凤，是名为九似也。雌雄有别，雄者角浪凹峭，目深鼻豁，须尖鳞密，上壮下杀，朱火煜煜；雌者角靡浪平，目肆鼻直，须圆鳞薄，尾壮于腹。"

将大自然中各种动物的特征概括于龙一身之上，古人观物取象，龙形也便被赋予深刻的象征意义。蛇身象征的变化无穷，鱼鳞展示的出神入化，鱼尾包含的灵活多变，鹿角的长寿与社稷常保，牛首的厚德载物，凤爪之勇猛无比、人之聪明等，都给绘画提供了非常丰富的想象力。

《墨龙图》是南宋画家陈容的绘画精品，此图为双幅绢本，纵201.5厘米，横130.5厘米，墨笔，不着色，而仅以水墨烘染云龙，墨气森严可畏，无疑是最佳表现形式。图绘一龙，腾云驾雾，昂首瞋目，张牙舞爪，极其威武雄奇。《墨龙图》勾笔劲健，而渲染的墨色，既有龙身的细笔积染，又有云气的粗笔涂抹，所谓"泼墨成云，喷水成雾"。传说他画龙必先喝酒至醉，然后大叫，脱下头巾蘸墨，在绢上信手涂抹，再用笔勾画之，或画整条龙，或仅画一爪一首，云雾蒸腾，时隐时现，似乎画家漫不经心，却都归于神妙之中。也有说法，他未必喝酒大醉方画，看其龙身勾、染之精细，非醉者所能，他以头巾濡墨涂抹，虽然神奇，其实是画的需要。梁楷作《泼墨仙人图》，因画幅较小,且无动态,用笔"泼墨"即可。但陈容作《墨龙图》巨幅,云气有蒸腾之势,用南宋时现成的毛笔,实在无法表达,于是他延伸而用头巾"泼墨",并非一时兴至。陈容以头巾濡墨烘染出的云气,其势壮阔,如翻江而倒海,强烈地衬托出龙"扶河汉,解华嵩;普厥施,收成功;骑元气,游太空"的非凡气概。它已经不再是传说中大禹治水时遇到的与人为害、象征自然之力的"龙",不再是战国时期帛画中描绘的受人驾驭的"龙",也不再是历史上某些苟安于一隅的小朝廷中的天子那样的"龙",而是一种堂堂正正、胸怀宽阔、威武自强、无坚不摧的精神的化身。

陈容所作墨龙图,"云蒸雨飞,天垂海立,腾骧夭矫,幽怪潜见",极尽变化之能事,与董羽画"龙似鱼"、僧传古画龙"如蜈蚣状"有了巨大的突破,僧传古作龙尽得蜿蜒之势,到了陈容,则将龙之情态、状貌开始作极大的发挥,在向文人画发展方向有力地推进了一步。还应看出,绘画到两宋时期,仍然是宫廷画师占据主流的时代,北宋晚期兴起的文人画运动在南宋已有了很大的发展,到了元朝文人画开始占据主流。在这一转化过程中,陈容无疑起了相当大的作用,作为过渡型的重要代表,此幅《墨龙图》卷无疑也有重大的研究价值。

中南及台湾地区博物馆 镇馆之宝

西汉南越王博物馆

错金铜虎节

【西汉　镇馆指数★★★★★】

宋人钱文子说西汉"村官、骑士、非虎符不得辄发"。现代学者程树德说："汉时发兵须有虎符。"可见，汉代虎符应是汉王朝或地方郡、国调动军队用的，主要是指中央对地方军队的调动。属于汉代发兵的一种重要信物。颜师古注引应劭曰："铜虎符第一至第五，国家当发兵，遣使者至郡合符，符合乃听受之。"该虎符肋文"左二"和"右二"

广东省 Guang Dong

【错金铜虎节】

之辞，确系汉代发兵信物，与文献记载完全相吻合。

历史上虎符多有变化，汉朝开始至隋朝，虎符均为铜质，骑缝刻铭以右为尊；隋朝时改为麟符；唐朝因为李渊的祖父是李虎，所以唐人讳虎，改用鱼符或兔符，后来又改用龟符；南宋时才恢复使用虎符；元朝则用虎头牌，后世演变为铜牌。

齐郡太守虎符出土地为陕西咸阳李家村，汉时属于都城上林苑的区域。齐郡，汉时位于今山东省境内，按常理虎符应该是右半留在都城，左半留在山东齐郡，而今却同时在都城出土，原因何在？笔者推测有三个可能：一种是铸成后尚未使用；一种是完全废弃不用了；另外根据虎符一地一符，不得跨地区使用的特点，还有可能当时齐郡太守的军权被朝廷收回，虎符也随之收回存放。

该虎符铭文清晰，工艺精湛，一合同时出土的齐郡虎符在全国极其罕见，为进一步研究汉代的发兵制度提供了重要的实物资料。该虎符出土于南越王墓西耳室，长19厘米、高11.6厘米、厚1.2厘米，作蹲虎欲跃状，虎扬头，口大张，露齿，弓腰，尾巴上扬卷起，姿态威猛生动。虎两面的毛斑，系先铸出弯叶形浅槽，再贴以金箔片，虎眼、耳以细金片勾勒。从侧面观察，虎形线条流畅，层次分明。整体造型采用局部夸张的表现手法，脖颈粗壮，前爪微曲，稳稳着地，腰弓特甚，臀部紧贴后爪跟上，后爪尖着地，爪跟抬起，犹如满弓之箭，准备随时射出，浑身积聚了巨大的能量。这是目前国内仅存的一件错金虎节，无论在造型上还是在工艺上，都是一件难得的艺术珍品。虎节正面有错金铭文"王命车徒"。据研究，传世有龙节、虎节，皆楚国用器，用途是持节者所到之处可以得到当地官府提供的饮食便利。南越王墓出土的虎节，形制、字体与传世的龙节、虎节全同，但铭文有别。从铭文来看，用途应是征调战车和士兵的，属军事性质的内容，与传世的秦国虎符和考古发现的秦国杜虎符的用途相类。故它有可能也是化为兵符使用的。此虎节的原产地应在楚国，后流入岭南，归南越国所有。虎符一般用青铜或者黄金做成伏虎状，劈为两半，分为左右两个半虎符，以右为尊，左半交给将帅，右半由皇帝保存，并且专符专用，一地一符，绝不可能用一个兵符同时调动两个地方的军队，使用时需要两半勘合验真，方可调兵遣将。

　　宋代陈傅亮说汉高祖刘邦时"材官骑士散在郡国，虎符与檄召而后来"，说明当时为了防止调兵有诈，还要同时持檄文才能有效，檄文起到了一定的防伪作用。调兵任务完成后左半虎符继续留将帅处，右半虎符由朝廷收回，以备下次调兵使用，所以说虎符左右两半都是异地单独存放，这也就是我们经常见到的都是半虎符，一合左右完整的虎符较难看到。

镂空龙凤纹玉套环
【西汉　镇馆指数★★★★★】

镂空龙凤纹玉套环，是带有浓郁战国玉雕遗韵的西汉早期玉雕杰作，它是西汉岭南的南越王国玉雕大师的贡献。玉套环的发现是极为偶然的，1983年，豪华的广州中国大酒店正在广州象岗紧张施工。施工过程中，工人们意外地发现了保存完整的西汉早期汉皇室分封在此地的诸侯王墓——南越王赵眛墓。无线电波传到国务院，国务院领导指示工程暂停，拨出专款，组织全国考古专家进行抢救性发掘清理。结果出土了大批闻所未闻的精美绝伦的青铜器和玉器。玉套环是这批出土文物中的佼佼者。

镂空龙凤纹玉套环，外轮廓作圆环形，直径10.6厘米，璧厚不到半厘米，用上等玉琢制。用镂空透雕及服刻

【镂空龙凤纹玉套环】

广东省 Guang Dong

圆角技法,雕琢龙凤纹套环。外环比内环宽约一倍,粗细有致,比例合乎章法,内外环上分别琢刻双S和竹节游丝纹饰。内环中S形龙,粗壮刚健,昂首挺胸,张口露齿,呈腾空飞奔状,充满着生命的活力。为不使画面支离破碎,保持作品整体、和谐、统一的美感,玉琢匠师打破方圆规矩的构图程式,把龙尾、龙足延伸到外环内,并达外环壁,使内外环和龙纹图案构成既相互独立又相互联系的完整画面。外环内的凤纹，也呈 S 形，身比龙略低，它不像龙那样高大粗壮，而显得纤细苗条，洋溢着灵气，夸张的凤尾更是美不胜收。耐人寻味的是，凤作回首状，与龙首面面相视，似乎正在窃窃私语，倾吐着心中的秘密。龙的刻画入神，内外环空隙处巧饰勾连云纹，更使作太空遨游的龙凤增加了几分动感。镂空龙凤纹玉套环，运用具有中国风格、中国气派的 S 形构图技巧，线条流杨，生动活泼，姿态优美，充满着动态艺术的韵律美，是汉代龙凤艺术的上乘佳作。龙凤纹是我国工艺美术的传统题材，不同时期不同场合的龙凤，有不同的内涵。套环表达的是吉祥喜庆的思想内容，寄托着当时人们寻找超脱世俗的美好生活的愿望。

　　汉代玉器的另一个迹象是，诸侯王用玉，无论在品种和数量质量及雕琢技巧上，都比汉皇室玉雕略胜一筹。河北地区的中山王，徐州地区的楚王、彭城王，扬州地区的广陵王，广州地区的南越王，都有数量众多的玉雕出土，雕琢技艺精美绝伦。史籍记述十分简略的几乎被人们遗忘了的南越王墓，与玉套环同时出土的还有玉龙附金带钩、龙虎并体玉带钩、龙虎玉带钩、角形玉杯、双龙形玉佩、镂空龙凤纹玉环、剑具玉饰等大批玉器，不仅数量惊人，雕琢技艺更是精益求精，构图变化无穷，不拘程式，与中原地区玉器较为规矩的圆形状构图程式有别，作品充满着动态和灵气。这与南越王不受传统思想束缚，不受朝廷左右，能够包容外来文化是分不开的。

玉角形杯
【西汉　镇馆指数★★★★★】

在中国玉器史上，汉代是一个承前启后的黄金时期。一方面因为战国玉雕的曲线形构图，在汉代有进一步的升华；另一方面，汉代礼制的需求使得玉器的品种及组合，产生了较大规模的调整，礼玉、葬玉、瑞玉、陈设玉相继出现，品种齐全，雕琢技艺高超，百花齐放，以前少见的浮雕、圆雕作品，在汉代比比皆是，加上玉器表面精细的抛光技艺和镂空技术更加普遍应用，构图方面打破对称的规则，都让汉玉在我国玉器发展史上占据了重要一环。

这件角形玉杯，出土自南越王墓墓主棺的头箱部位。用一整块青玉雕而成，青白色，玉质上佳，温润致密，呈半透明状，口缘微损。玉杯应是酒器，呈犀牛角造型，

中南及台湾地区博物馆 镇馆之宝

【玉角形杯】

口椭圆,腹中空。高18.4厘米,口径5.9～6.7厘米,口缘厚0.2厘米,重372.7克。器表上面线刻一尖嘴兽,回环往复,生动逼真。

相传犀牛角的酒杯可以溶解毒物,玉虽不能解毒,南越国的玉匠却借题发挥,就着石头的形状施刀,综合运用玉雕的各种工艺方法,如线刻、浅浮雕、高浮雕、圆雕等,在器身上巧妙布局各层纹饰,再经过细致的打磨,2 000年后玉角杯仍放射出温和恬润的光泽。它表明这一时期玉雕在章法布局、材料运用、技巧发挥上走向成熟。这件玉器,既是一件美轮美奂的工艺品,又是一件融传说于现实,引人遐思的实用品,堪称中国汉玉中不可多得的稀世之宝。

中南及台湾地区博物馆 镇馆之宝

深圳博物馆

海康窑褐彩牡丹纹梅瓶
【宋 镇馆指数★★★☆☆】

　　梅瓶是中国古代瓷器中一种常见的瓶式,近代许之衡在《饮流斋说瓷》一书中详细地描述了梅瓶的形制、特征及名称由来:"梅瓶口细而颈短,肩极宽博,至胫稍狭,抵于足微丰,口径之小仅与梅之瘦骨相称,故名梅瓶。"

　　褐彩牡丹纹梅瓶造型秀美,通体于白色素胎上满绘褐彩纹饰,自上而下绘有5层花纹。莲瓣纹、卷草纹、

广东省 Guang Dong

【海康窑褐彩牡丹纹梅瓶】

龟背锦地开光折枝牡丹，都被描绘得生动细腻，富有层次。这种纹饰极为罕见，是同类装饰中器形最美的，同时也是唯一仅见的。据考证，这对梅瓶装饰纹样受宋元时期江西吉州窑影响颇深，其涩胎彩绘技法很可能受湖南岳阳瓷窑影响，因此这件器物是多元文化以及商贸往来影响下的产物。

宋代由于朝廷收入的需要，特别重视海上贸易，当时输出商品又以陶瓷为大宗。据宋朱彧《萍州可谈》记载，宋代汇集在广州载货南航的船舶，"深阔各数十丈，商人分占贮货，人得数尺许。下以贮物，夜卧起上，货多陶器，大小相套，无少隙地"。广州是出入口的主要口岸，海外贸易刺激了宋代广东本地制瓷业兴盛，已发现的古窑遗址就有600余处之多，且多在沿江沿海的市县，所烧瓷器的釉色、纹饰、器形都非常丰富，各大名窑系的产品在广东几乎都可找到相似之物。唐宋时期，中原通西域的陆上"丝绸之路"被吐蕃阻断，对外交通的重心逐渐转向海路。随着航海技术的进步和中国对外瓷器贸易的兴盛，东南海路成为通往亚非各国的海上"陶瓷之路"。由于进出广州贸易的大型船只必须绕行大屿山，经南头、虎门才能进入珠江，因此，深圳南头成为广州海外交通的必经之地。随着广州海外贸易的兴盛，深圳成为广州海外交通之外港，当地产业经济得到长足发展。这对褐彩牡丹纹梅瓶，是当地社会经济、文化发展进步的反映。

　　海康宋元古窑址有 50 余处，其中烧釉下褐、赭彩瓷的宋元窑址出土的彩绘瓷均与早些时宋元墓葬出土的大量较完整精美的彩绘瓷器相吻合，可以说海康窑彩绘瓷已是后来居上。1986 年发掘的海康县公益圩窑堆积层厚达 3.36 米，窑址出土器物甚为丰富，有罐、枕、碗、钵、盘、碟、壶、瓶、炉、盒、棺、坛等。海康窑除生产彩绘瓷外，还生产青釉、青黄釉或酱褐釉瓷器，色泽光润，绝大多数开细小冰裂纹片，部分碗盘底部有印花。宋、元时期广东烧造釉下彩绘瓷的窑口亦有多处，较早的有广州的西村窑、南海镇龙圩的文头岭窑、奇石窑，稍后发现的有遂溪窑、海康窑等，以海康窑彩绘瓷的范围最大，窑址也多。因海康窑彩绘瓷窑发现较晚，20 世纪六七十年代墓葬出土的褐花或赭花彩绘瓷，多被一些陶瓷专家误认为是吉州窑或磁州窑的，至今还少为人知。

镇馆之宝 中南及台湾地区博物馆

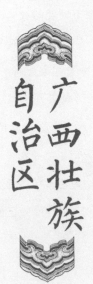

广西壮族自治区

Guang Xi

战国秦汉时期，江南以及岭南各地居住着众多越人，因其支系繁多，故统称"百越"。西瓯和骆越是"百越"中的两大重要支系，主要分布在今天的中国广西和越南北部。秦统一岭南后，西瓯、骆越聚居的广西地区隶属桂林郡，秦末汉初，一度又曾纳入南海郡尉赵佗所建的南越国，直至公元前111年汉武帝灭南越，并在该地重设九郡，岭南的郡县制才最终稳定下来。瓯骆地区属于当时汉朝的苍梧、郁林与合浦三郡。此后，岭南与中原地区的经济、文化交流与融合迅速发展。

西瓯人主要生活在今广西西江中游及灵渠以南的桂江流域，骆越人则主要聚居于西瓯族的西部和南部，即今广西的左、右江流域和贵州省的西南部以及越南的红河三角洲地区。西瓯、骆越因其所处的自然环境和特定的生产方式，创造了独具特色的物质文化与精神文化。此地处于中原与华南、西南文化往来的交汇之所，由于长期的多民族杂居、交流与融合，其文化亦具有多元色彩。与广东地区同时期的南越文化相比，其整体文化风貌具有更为浓厚的地域特色。其中，最能体现瓯骆文化自身发展特点的是该地区出土数量最多的印纹陶器和青铜器。

春秋战国时期是西瓯、骆越的活跃期。随着与中原交往的增多,其原始社会结构逐渐解体。受中原青铜文化影响,自春秋时起,瓯骆本土铸造的青铜器逐渐增多,器物的地域特征也随着青铜文化的发展而增强。早期仅能制造简单的钺、剑、矛、镞等兵器和斧、凿等生产工具,战国时已能制造铜鼓等大型器物。其青铜文化吸收了毗邻的滇、楚文化因素,同时与广东等岭南地区有着共性。战国时期,与楚地接壤的西瓯地区已开始使用铁器。制陶业则继承了新石器时代以来的几何印纹陶器的传统。春秋战国时期,陶器的制作达到鼎盛,在形制、装饰方面形成了极具地方特征的风格。尤其是在战国时期,烧成火候较高的印纹硬陶,并突破性地出现了施釉工艺,诞生了原始瓷器。

广西壮族自治区博物馆

翔鹭衔鱼纹铜鼓

【西汉　镇馆指数★★★★★】

铜鼓是我国古代岭南和西南地区少数民族一种珍贵的文化遗物。目前广西出土和收藏的铜鼓就有500多面，是世界上出土和收藏铜鼓最多的地区，有"铜鼓之乡"之称。

广西壮族自治区博物馆收藏的翔鹭衔鱼纹铜鼓，鼓面小于鼓腹，腹部膨大凸出，腰部收缩为圆柱形，足部扩张，大于腰，直径56.4厘米、通高36.8厘米、足径67.8

【翔鹭衔鱼纹铜鼓】

厘米，在铜鼓分类中属石寨山类型。鼓面中心有太阳纹十二芒，芒外七晕圈，饰栉纹、勾连雷纹、翔鹭和据齿纹，主晕为10只衔鱼飞翔的鹭鸟。鼓身九晕圈，饰有锯齿纹、圆圈纹、龙舟竞渡和羽人舞蹈图案。第4晕圈在胸部，饰有6组羽人划船纹，船头向右，每船6人，其中3船的划船者全戴羽冠，另3船各有一人裸体；船头下方有衔鱼站立的鹭鸶和花身水鸟，水中有游动的鱼。第6晕圈在腰部，饰8组羽人舞蹈纹，间隔以绳纹、据齿纹、同心圆圈纹带。每组 2～3 人，舞人头戴羽饰，下身系展开的羽裙，两臂外伸，五指张开，掌心向外，上身向后倾斜，两腿叉开，作翩翩起舞状。舞人的上空有一或两只衔鱼的翔鹭。鼓足一侧卧刻隶书"百廿斤"，经过实测为 30 750 克。

贵港位于广西东南部，珠江的支流——郁江自西南向东北流贯全境。郁江两岸地面开阔，土地肥沃，交通便利，自古以来就是比较富庶的地方。据历史文献记载，先秦时期这里是百越族群中的西瓯部族的聚居地。秦始皇统一岭南后，设桂林、南海、象郡，贵县属桂林郡，是郡治布山县的所在地。秦亡以后，赵佗割据岭南，建立半独立状态的南越国，这里仍属桂林郡治布山县。公元前 111 年，汉武帝平定南越国，在岭南调整郡县，改桂林郡为郁林郡，布山又是郁林郡郡治。自此以后直至隋代大业初年，布山作为郡治，前后达七八百年之久。

这面铜鼓为贵港罗泊湾一号墓出土，对研究古代少数民族历史、文化有特别重要的意义。这件作品非常优秀，且是世界上铜鼓纹饰中最清晰的一面。在广西出土的大多数铜鼓鼓面的主晕中，都装饰有鹭鸟，这些鹭鸟都睁着圆圆的眼睛，脖子向前伸出，扇动双翅，张开扇形尾巴，围绕太阳纹圜形飞翔。这种翔鹭纹最早出现在石寨山型铜鼓上，形象生动，写实性较强。以鹭鸟作鼓的装饰，大约起源于春秋战国中期的中原地区。不过中原地区饰鹭的鼓都是皮鼓，那么鹭鸟又是怎样搬到广西铜鼓上的呢？战国秦汉时期，江南以及岭南各地居住着众多的越人，因其支系繁多，故统称"百越"。西瓯和骆越是"百越"中的两大重要支系，主要分布在今天的中国广西和越南北部，西瓯和骆越早在商周时期即与中原地区有过交往。随着中原势力的不断深入，在相互交流的进程中，西瓯和骆越与中原地区的政治、经济、文化逐渐趋于一致，因此，鹭和鼓联系起来的思想意识和艺术传统传入广西也就有了很大的可能。而且鹭鸟遵守秩序，象征着封建制度等级的不可改变，这种观念是当时封建社会的统治者所需要的，因而被借用过来维护他们的统治，这样，鹭鸟纹便被铸造在象征着统治者权力和财富的铜鼓之上。

岭南地区在秦以前已有发达的青铜冶铸业。罗泊湾汉墓出土的翔鹭纹铜鼓，也显示了浓厚的地方特点，无疑是产于岭南地区。翔鹭纹铜鼓上的图案花纹刻镂精细，线条清晰流畅，人物形象生动，表现了非常高的铸造技术，是当时岭南地区青铜铸造工艺的代表作。

中南及台湾地区博物馆 镇馆之宝

贺州市博物馆

兽形青铜尊

【战国　镇馆指数★★★★★】

在中国历史上,整个广大的江南之地,即所谓"交趾至会稽七八千里",在秦汉以前都是百越族的居住地。百越族的来源,目前学术界主要有三种不同意见:一是认为百越族出源于夏民族,即"越为禹后说";二是认为百越族是由当地原始居民发展而成,即"土著"说;三是认为百越是骆越后裔,即"骆越后裔说"。但根据考古资料和

史料,第二种说法更为可信。夏族和百越族不但姓氏不同,分布区域和文化特点也不同。因此,百越族的来源和形成,尽管也包含一些其他民族的成分,但主要应是由当地原始先住民发展形成的。

正如史书所说,自浙江会稽至交趾,"七八千里,百越杂处,各有各姓"。就国内来说,即现在的苏南、上海、浙江、安徽南部、湖北、湖南、江西、福建、台湾、广东、广西、云南、贵州等省、市、自治区,从三星堆出土文物联系良渚、骆越出土文物看,四川也可能与百越有关,曾是古代百越居住的地区,这同我国东南沿海新石器文化的分布是一致的。

这尊百越文化背景下制作的兽形青铜尊,1991年在广西贺县出土,其形体硕大,造型移植自西周的同类器物而且有地方风格,是春秋至战国时贵族使用的大型青铜酒器。兽形青铜尊外形如四不像动物,羊头猪腿兔耳长颈鹿角。背部开有椭圆形口,带盖,盖有环耳套链与颈背的环钮相连,盖面饰盘蛇,蛇身饰三道纵向鳞纹,蛇首居中昂起形成盖钮。尊的颈部和腹部饰变形夔纹,衬雷纹地,尊尾为立攀附凤,凤头有鸟羽一撮。尊下承饰变形夔纹的四兽足,前足胳膊反曲。尊体饰有传自中原的夔纹、蝉纹、云雷纹和窃曲纹，也有岭南地区先民独创的蛇纹和眉纹，是中原文化和百越文化相互交融的历史见证物。历史的沧桑变迁给兽形青铜尊带来越来越浓厚的文化积淀，当千年繁华被从深深掩埋的层层厚土中破土而出之时，人们依然能感受到这种文化无比灿烂辉煌的魅力。兽形青铜尊造型十分罕见，表现出楚、越和中原三种文化相互融合的特征，是百越文化的一件瑰宝。

镇馆之宝

中南及台湾地区博物馆

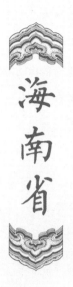

海南省

Hai Nan

陆上"丝绸之路"也许家喻户晓，人人皆知，但对于以南海为中心的海上"丝绸之路"，了解的人们也许就不多了。海南考古学家对海南的考古科学研究将给大家揭示出一个伴随着海上"丝绸之路"而来的海上文化交流的繁荣兴盛的景象——海南自古绽放着一朵灿烂的古代海洋文化之花。

海南考古学家发掘的三亚落笔洞遗址、陵水贝丘遗址、荣村遗址等，从地理位置看，都在沿海地区。古人的生产活动主要以捕捞、狩猎与采集为主，从而产生了具有较鲜明特色的海南古老的海洋文化。海南古代海洋文化的源头，最早可追溯到一万多年前的三亚落笔洞文化遗址。

海南古代海洋文化的繁荣是在海上丝绸之路兴起之后。早在汉代起始，陆上以长安（今西安）为起点，开辟了经新疆的南路和北路到达中亚、西亚各国，再由这些国家转道到欧洲部分国家的陆上"丝绸之路"。同时，汉代还开辟了以南海为中心，向周围国家乃至欧洲、非洲等地区通商贸易的海上"丝绸之路"。海南岛与南海诸岛，特别是西沙群岛，就处于这条海上"丝绸之路"的主航道要冲之处。到了唐宋时期，海上贸易与文化交流进入空前繁荣阶段，祖国大陆文化与西欧文化的交流，同时影响着海南古文化——海南远古海洋文化的发展。海南考古学家在海南岛西部的临高、儋州、乐东、昌江、东方等市县发现的汉代古墓葬及随葬品，还有出土的大型汉代青铜釜和北流型铜鼓，以及西沙群岛及其海域打捞出来的唐宋陶瓷器如青釉、青白釉、龙泉青釉等，都证明了这一史实。

在海南三亚市的梅山、蕃岭坡、回新村和陵水县的干教坡、福湾等沿海一带发现的多处伊斯兰教徒墓群，均临大海，其墓和墓碑均用海边的珊瑚石制作堆砌，碑额上刻有圆月及其他花纹图案，内刻阿拉伯文或波斯文。墓葬分布集中，排列有序。经考证为唐宋时代古墓，这表明了海南岛已为当时波斯和阿拉伯商人寄泊、定居与活动之场所。最具海洋文化特色的文物有珊瑚石墓碑和珊瑚石人像，其制作雕刻工艺比较精细，具有很高的艺术价值，也是典型的海洋文化艺术的代表。

海南省博物馆

越王亓北古剑

【战国　镇馆指数★★★★☆】

越王亓北古剑，又称"盲姑剑"、"不寿剑"，系越王勾践之孙王不寿的自用剑，距今已有2 400年的历史。目前发现存世仅三柄，海南省博物馆收藏的这柄最为完整，是所有存世的越王剑中最长的一把，品相极佳。剑身通体散发冷光，刃口锋利，斜宽从厚格式，中脊起线，两从斜弧，双刃呈弧形于近锋处收狭，喇叭形素面剑首，

海南省 Hai Nan

【越王亓北古剑】

茎为柱形,茎上有平行箍2道,上有错金纹饰,剑首环铭及剑格铭文共计32个字,全部为错金鸟虫书篆体,历经2400年风风雨雨,铭文依然清晰可辨,色彩鲜明。越王亓北古剑铸造于战国晚期,剑通长65.2厘米,格宽5厘米,剑格两面有错金鸟虫书铭文,一面为"戉(越)王亓北古",另一面为"自元用之",圆形剑首环列错金鸟虫铭文为"台戉(越)王亓北古自作元用之剑"。

亓北古剑剑柄上缠绕了一些黑色的丝织品,由于年代久远,氧化严重,如今我们只能看到零星的绢丝,已经看不出勾系的原貌。剑柄上缠绕丝绳形成桥形纽孔作佩剑的勾系尚属首见,这个重大发现对扩宽越王剑形式的研究大有帮助。春秋战国时吴越之地铸剑术天下第一,史书记载:"夫吴越之剑,肉试则断牛马,金试则断盘。"专家鉴定这柄亓北古剑为复合剑,以复合金属嵌铸剑身(学术界也称双色剑),可以增强韧性,有效防止氧化,与上海博物馆及安庆博物馆所藏剑不同。

对于是否存在越王不寿,文博界一直持有争论,而这柄亓北古剑的出现,足以证明越国史上有越王不寿,在位时间为公元前458年至公元前449年,由此解开了越国史上的一个不解之谜。越王剑为剑中极品,其铸造工艺抵达了青铜时代的巅峰，不仅如此，剑身的铭文也是一部流传千古的史书。记录越国历史的《越绝书》和《吴越春秋》，有关于越王世系的记载中，并无勾践之孙越王不寿的名字，而根据《史记》和《竹书纪年》的记载，越王不寿确有其人。

"越王铸宝剑，出匣吐寒芒。"春秋战国时期吴越两国铸剑技术冠绝一时。那么古代吴越为何自古便是剑气纵横之所在呢？古代越人以勇武好剑而著称，铸剑工艺代代相传，并不断改进提高，另外古代吴越地区矿产丰富，盛产高品质锡、铜以及金、银等，这些都是铸剑的原材料。

春秋战国之际，吴越两国的君王拥有天下名剑。据《越绝书》外传《宝剑》记载："越王勾践有宝剑五，闻于天下。"勾践的五把名剑，指湛庐、纯钩、胜邪、鱼肠、巨渊；其中大型者三、小型者二，都锋利无比，"风吹断发，削铁如泥"。后来，吴越交战，勾践败北，勾践的胜邪、鱼肠、湛庐三剑为吴王阖闾所得。吴越之剑的锋利，先秦文献就有详细的描述。《战国策·赵策三》马服君赵奢对田单说："夫吴干之剑，肉试则断牛马，金试则截盘匜。"不仅可以斩断牛马之躯，而且可以斩断青铜质地的盘匜，真

【越王亓北古剑】

可谓无坚不摧。吴越之剑的品相也为时人所赞美,《吴越春秋》载相剑名家薛烛之语说:"光乎如屈阳之华,沈沈如芙蓉始生于湘。观其文,如列星之芒;观其光,如水之溢塘;观其色,涣如冰将释,见日之光。"吴越的铸剑工艺名闻天下,代表东周时期铸剑技术的最高水平。由此可见,越王亓北古剑的精湛工艺不是浪得虚名的。

三彩马

【唐　镇馆指数★★★★☆】

唐三彩是在高宗时期才开始生产的,因为在此之前的墓葬中没有发现过三彩器。高宗时唐王朝国力日渐强盛,统治阶级的奢侈之风也愈演愈烈。达官显贵们期盼死后仍能享受荣华富贵,因而在自己的墓穴中总要随葬大批珍宝和三彩器,从而使厚葬之风日盛。由于社会需求激增,使三彩器生产出现过度发展之势,唐王朝不得不设立专门机构负责管理和节制,并颁布规定对随葬三彩器实行限制,如规定各级官员的随葬品数量为:"三品以上九十事(件、套);五品以上六十事;九品以上四十事",并规定各种器物的高度应在一尺之内。但根据考古发掘,当时的随葬冥器数量和高度大都超过了规定。有的三彩马已高达1米以上。唐朝末年,由于国力日衰,三彩器生产也开始逐步萎缩,质量大不如前。宋辽时期各地仍有三彩作坊存在,但工艺和装饰已与唐代三彩器有了明显的不同。

海南省博物馆收藏的三彩马,高73.1厘米、长81.3厘米。马四腿直立于长方形底座之上,通体施棕黑釉,呈自然毛釉斑点,马脸、鬃、尾、四蹄为白色。伸颈昂首,细腰健蹄,两耳竖立,眼睛炯炯有神,直视前方。造型精美简洁,但细部处理却一丝不苟,如梳理整齐的三朵花式的马鬃、有

【三彩马】

花纹装饰的马头革带等，栩栩如生。此马体形硕大，外形逼真，把皇家御马的精神表现得淋漓尽致。唐三彩中留下来的大多都是冥器，而这些冥器中多以马、骆驼和侍佣最为常见，我们也能由此窥见唐代社会状况和经济状况，在早期的繁盛和辉煌。李唐天下是在推翻了隋朝的统治之后建立的，很多史学家都认为李氏的血液中本就流淌着鲜卑胡人的血液。唐朝自皇帝到平民，对于马都有着强烈而又深厚的感情。在中原，这种人与马之间的感情似乎于汉代亦曾出现过。马不仅作为重要的交通工具，也是重要的劳动力，同时还是唐朝人娱乐中不可缺少的一个重要角色。

　　唐朝的马尾巴都是扎起来的，微微向上翘起，这样做有很多好处。比如在马球运动中避免了不必要的事故出现。所以我们在欣赏这些马的时候我们能看到的有这么几个方面：第一，马的整体形态，尤其是可以注意到小小的陶器却能对马矫健身体中的筋肉做到细致入微的描绘，如此的烧制技术令人惊叹；第二，马的身体颜色，尽管唐三彩主要是黄绿蓝三色，但是由于上面施釉的原因，流釉的现象在马身上不同的部位都体现出了无穷的变化；第三，马的细节刻绘，唐朝的三彩马很注重马身上装备的修饰，比如马鞍，马流苏的辔头等，极尽神韵。

青白釉花口凤首壶

【宋　镇馆指数★★★★☆】

　　青白釉又称影青瓷，是指釉色介乎于青、白两色之间，青中泛白、白中透青的一种瓷器。青白瓷由宋代景德镇烧制而成，具有独特风格和鲜明时代特征的新品种。

　　青白釉花口凤首壶造型，是受唐代波斯金银器影响演变而来的。口部盛开的四瓣花象征凤冠，凤头上大喙、大眼，凤首后部恰似一束长羽上飘呈钩状，平衡了凤头的坐标，展现了凤的精气神。长颈渐宽，丰肩圆腹，颈下部有三道凸弦纹，腹部有两道凸弦纹。胎质洁白细腻，釉色白中泛青，晶莹透体，凤头美如琢玉。专家确认，这件珍贵文物是宋代景德镇地区的典型器物。

　　鸡首壶最早出现于西晋时期，由浙江地区的越窑首先创制。到东晋时，鸡首部分的作用逐渐由装饰性变为实用性，鸡首与壶腹相通，成为可以出水的流部。至唐代初年，鸡首壶被新出现的执壶所替代，

【青白釉花口凤首壶】

海南省　Hai Nan

中南及台湾地区博物馆 — 镇馆之宝 — 一

【青白釉花口凤首壶】

逐渐消亡。"鸡"与"吉"谐音，鸡首壶延续使用了数百年，反映出在那段战乱频繁的年代里，人们对吉祥安宁生活的祈望。

鸡首壶流行的魏晋南北朝时期正是社会大动荡的时期，也是瓷器大发展的时期。由于连年战乱，大批中原居民和士族地主纷纷南下，推动了南方经济的发展。南方制瓷工艺逐步提高，北方瓷系出现，从此我国制瓷业形成南北两大系统，互相促进，互相影响。在南方，以瓷器制造为主的手工业进入迅速发展的阶段，尤其是奠基于东汉的青瓷烧造开始了它的辉煌时期。

镇馆之宝

中南及台湾地区博物馆

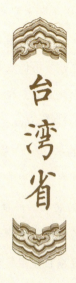

台湾省

Tai Wan

"两岸故宫藏品,比起来哪家的多?哪家的精品多?"这是两岸同胞乃至国际社会都不甚清楚而又很关注的一个问题。可以肯定地说,北京故宫不仅藏品远远多于台北故宫,而且总体上精品也多于台北故宫,但是台北故宫博物院在宋元书画藏品的质量上绝对比北京故宫博物院高出不少。

1933年故宫南迁文物共13 491箱,部分文物南迁后,北平故宫本院所留文物相当多,也有不少珍品,沦陷期间还在继续清点未曾登记的文物,并征集了一批珍贵文物。南京政府曾下令马衡院长选择留平文物菁华装箱,分批空运南京。马院长虽将珍品编目造册报南京,但以各种理由推延装箱,后来一箱也未运走。南迁文物后来运台2 972箱,占南迁箱件数的22%,当然多是精品。其实留下的78%精品也相当多。国民党向台湾运文物,因战争形势突变只运了三次,第三次拟搬运1 700箱,由于运输舰舱位余地有限,加之仅有24小时装船时间,结果运出972箱,另728箱也留在了内地。

由于多种原因,许多人对北京故宫文物藏品状况不很清楚,有人以为好东西都到了台湾,有的甚至说,"台北有文物没有故宫,北京有故宫没有文物。"这显然是误解。当然,文物自有其本身的艺术价值和历史价值，是不可以互相替代的。两岸故宫的收藏本来就是一个整体，有着很强的互补性，只有从整体上来看待，才能全面地认识中华文化的源远流长和丰富多彩。

中南及台湾地区博物馆 镇馆之宝

台北故宫博物院

范宽溪山行旅图轴

【北宋　镇馆指数★★★★★】

范宽，名中正，字仲立。华原（今陕西省耀县）人，时常往来于西京洛阳之间。《宋朝名画评》说他"性宽厚，有大度，故时人谓之范宽"。范宽是我国北宋初期极为著名的山水画家，与董源、李成并称北宋三大家。他的画在我国山水画史上占有一席重要的位置。那么范宽究竟是什么样的画风呢？我们欣赏他的代表作《溪山行旅图》轴，

台湾省 Tai Wan

【范宽溪山行旅图轴】

借窥其貌。当我们展开此件纵 206 厘米，横 103 厘米的大幅巨画，不可攀的妙景即入眼帘，北方山水气势磅礴、正面高耸的主峰扑面而来，给读者以险绝的感受，有身临其境之妙。苍浑的"雨点皴"，忠实地再现了北方山石坚硬奇峭以及山峦的险峻雄伟。山涧石缝中用浓墨逼出一线白泉直落千丈，气势宏伟壮观，极富动感。崇冈之上勾点出簇簇密林，生机勃勃。近景巨石兀立，坡岸平铺，古树从石碑进出，盘根错节，更显挺拔苍郁，落石深处，引几叠溪水涌出，涧曲泉清，潺潺若响。有一队驮运的驴马和行旅从右边缓缓走来，进入画面，所占位置虽小，但却起到了重要的点题作用。综观全图，作全景式构图是北宋山水画的典型风格，布局严谨巧妙，动静交错。静者，兀石崇冈，巍峨峻峭，稳居画中；动者，练瀑如飞，溪流奔畅，行人走马，各得生动之致。这一静一动，可谓有景有情，情景交融，使画图增添艺术的生命力。

范宽生活在北宋初期，正值中国山水画的创作进入鼎盛时期，一时名家辈出，流派众多，法备而艺精，称之为"群山竞秀，万壑争流"是比较贴切的。范宽师法荆浩、李成，并能别出新意，自成一家，有着鲜明的艺术风格。在经营位置上他继承荆浩"善写云中山顶，四面峻厚"

之画风，多作正面主峰，折落有势，且能熟练应用"远取其势、近取其质"的表现方法。在用笔方面的特点是雄强苍浑，宋郭若虚《图画见闻志》谓之"抢（一作枪）笔"，即用笔蹲而斜上急出。细笔严谨，"刻削穷丝发"，屋宇用铁线描，行笔坚硬，人物也生动有致。其用墨也具独到之处，常常以黑沉沉的浓厚墨韵为特色，显得浑厚滋润，用墨虽浓重而物象又极幽雅，既有气势而又具体。山石皴法采取"雨点皴"，特点是以点攒簇而成，下笔均直，形如稻谷，其中参以"条子挑"，加仁"拾笔"的用笔方法，真实地表现了北方山石的质感。

范宽是我国山水画坛中的一名巨匠，成就卓著，其影响极为深远，就连明代以古雅秀润、笔墨飘逸称绝的文人画大家董其昌，也叹服范宽的画是"北宋第一"。范宽受到如此推崇，其成功的秘诀主要得力于"师造化"，也就是师法大自然。《宋朝名画评》里说"宽学李成笔，虽得精妙，尚出其下，遂对景造意，不取繁饰，写山真骨，自为一家，故其刚古之势，不犯前辈"。至此，我们清楚地看到，如果范宽一生学李成不变，不能跳出其窠臼的话，那他永远是李成第二，而不可能与其并驾齐驱。正是由于范宽寓居终南太华，常年危坐山林间，暑往寒来，终日纵目四顾，悉心观察大自然的阴晴朝暮，望云峰掩映，领略山川之胜，从千岩万壑，风雨激流中吸取素材，在真山实水里悟出气韵。范宽曾曰："与其师于人者，未若师之物，与其师之物者，未若师之于心。"范宽继承传统与写实造景并重，使他的画笔得心应手，挥洒自如，创作出《溪山行旅图》这样不朽的杰作，在900多年后的今天亦令后人叹为观止。

沈周庐山高图轴

【明　镇馆指数★★★★★】

　　庐山高图轴是沈周的代表作之一。纸本，淡设色，纵193.8厘米，横98.1厘米，《石渠宝笈》曾著录，现藏台北故宫博物院。

　　作者沈周（1427—1509年），字启南，号石田，又号白石翁，苏州人。沈周的祖父沈澄是王蒙和陈惟允的好友，善诗文，工书画，受王蒙影响。沈周的父亲沈恒吉和伯父沈贞吉都是陈惟允之子陈继的学生，二人皆善画，通经学，能诗文。沈周又是陈继之子陈宽的学生，陈宽字孟

【沈周庐山高图轴】

贤，号醒庵，明经学，善诗文，能作画。沈周少时除受家学影响外，即向陈宽学经、学诗、学画。但陈宽主要精力在文，而沈周主要在画。从沈周的学家和师承关系即可知道，他继承的是元画的传统，而且知道他也是一位文人画家。沈周不做官，主要靠卖画为生。但沈周的时代，除了苏州少数文人外，大多数人还是喜爱浙派的绘画。王蒙、倪瓒、吴镇、黄公望、陈惟允等元代画家的画细柔虚松，而浙派的画却粗壮硬实。所以，沈周除了学元人画外，也学习浙派绘画。美国翁万戈藏有沈周《仿戴进谢太傅游东山图轴》的画，上题"钱唐戴文进谢安东山图，庚子长洲沈周临"。说明他54岁时还在临摹浙派领袖戴文进的画。但沈周学浙派的画绝不像浙派后期画那样粗，勾皴法却有法度，绝不胡涂乱抹，反而形成了他处于宋元之间的一种特殊风格。沈周的画风格很多，最突出的有三种，其一是粗笔，其二是细笔，人称"粗沈"、"细沈"，其三是青绿山水。其他的风格皆在这三种风格之中，如介于粗、细之间的风格，墨笔着色的一种，大青绿、小青绿等。

　　沈周的早中年，浙派画尚占全国的统治地位，但到了沈周晚年，开始变化。由沈周奠基、沈周的学生文徵明领导的吴门派开始抬头，最后夺了浙派的霸主之位。

沈周的开创之功最大。沈周和文微明、唐寅、仇英并称为"吴门四家",又被称为"明四家",而其他三家都是沈周的学生。

沈周这幅《庐山高图》是他学元人王蒙画法的最精品之作。篆书自识"庐山高"三字,又书古体长歌一首,末识"成化丁亥端阳日,门生长洲沈周诗画,敬为醒庵有道尊先生寿"。很多学者认为这幅画是为徐退而作的,实误。自称"生长洲沈周",其画当然是为老师而作,沈周老师陈宽号醒庵,题识中"敬为醒庵有道尊先生寿"的"醒庵"正是陈宽的号。陈宽的先世是江西人,沈周故以江西的庐山之高为之祝颂(徐退是山东济南人,以泰山喻颂为妥)。成化丁亥是公元1467年,沈周41岁。

这一巨幅山水画,重峦叠嶂,草木繁茂,飞泉流水,山路栈道,一一交代清楚。画用王蒙法,但比王蒙的画更加秀润、雄伟。王蒙的画用的是牛毛皴,实际上是细小的披麻皴,又有人称他的皴法拖泥带水,他用干而松的毛笔连擦带皴,似勾似写,因而笔下出现的皴法密如牛毛,也显得特别细柔。沈周的用笔来自王蒙,但用笔不像王蒙用笔那样干,且不是连擦带写,而是一丝不苟地一笔一笔地皴写,有的密,有的疏,有的一遍而成,有的反复皴染,形成对比。勾皴后,在需要醒目的地方加以小苔点,最后罩染淡褚等颜色。

《庐山高图》属于"细沈"一路的杰作,和他受浙派影响而作的"粗笔"完全不同。显示了沈周的元画根基之雄厚。诚然沈周的"粗沈"一路画更具个人特色,但对吴门派以及历来声势浩大吴派之影响还是《庐山高》之类的"细沈"。因为明代后期文人特别厌恶浙派的粗恶硬实,审美观一致倾向细柔虚淡。所以,"粗沈"一路画法鲜有人继承,文徵明也学过"粗沈",后来除了应付之作外,几乎不用。在文人们眼中,文徵明甚至超过了沈,就是因为文学了沈的细笔而发展得更细更柔。

王羲之快雪时晴帖页

【东晋　镇馆指数★★★★★】

王羲之（321—379年）,字逸少,琅琊临沂（今山东临沂）人,定居会稽山阴（今浙江绍兴）。官至右军将军、会稽内史,人称王右军。我国杰出的书法家,草书学张芝,正书学钟繇,备精诸体,并博取众长,一变汉魏以来质朴

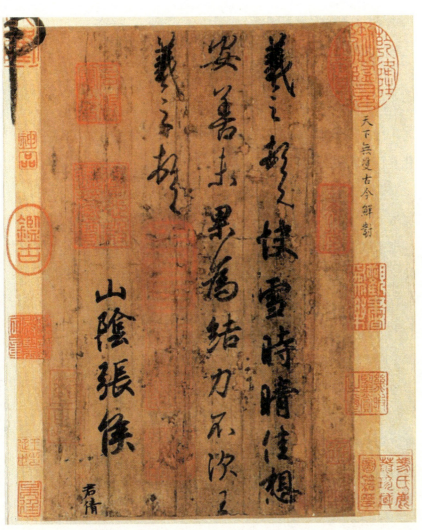

【王羲之快雪时晴帖页】

的书风，成妍美流便的新体，称誉千载，历来有"书圣"之称，为历代学书者所崇尚。

传说唐太宗酷好书法，特别喜爱王羲之墨翰，多方搜求，购募备尽，"有大王真迹三千六百纸"，死后又"随仙驾入玄宫"，作了随葬品。所以，传世王羲之墨迹都为唐代或后代摹本，并刻入各家法帖。

《快雪时晴帖》，纸本，唐人摹，纵23厘米，横14.8厘米。行书4行，共28字，全文为："羲之顿首快雪时晴佳想安善未果为结力不次王羲之顿首"。最后"山阴张侯"四字，是外封题署，因是摹的，所以把它放在最后，并非有意作伪。此帖书法厚实生动，行笔流畅，以侧取妍，神采飞扬，古人誉为"天下法书第一"，是王羲之传世墨迹中的精品。《宣和书谱》、《书史》、《石渠宝笈》、《清河书画舫》、《式古堂书画汇考》等均有著录。

在古代，影印技术尚未发明之前，复制古法书副本，唯有钩摹一法。这种方法，又称为"向拓"，通常误为"响拓"。其方法是用薄纸或加油、加蜡的纸，蒙在原迹上，进行钩描，然后于钩线内填墨。这样钩描而成的本子，称为向拓本、钩摹本、双钩廓填本等。《快雪时晴帖》就是这样的摹本，或称廓填本。但流传有序，帖前有清乾隆题,"天下无双,古今鲜对",帖后有"龙跳天门,虎跃凤阁"。本幅前后有南宋"绍兴",贾似道"秋壑珍玩",金章宗"明昌御览"等著名鉴赏收藏印。明代为秀水冯梦祯所有,后归涿州冯氏收藏,其时在明清之际,康熙十八年(1679年),冯铨之子冯源济为了邀宠,献于康熙御览。乾隆时,又得到王珣的《伯远帖》,他把清内府原藏有的王羲之《快雪时晴帖》及王献之《中秋帖》,合称为三个稀世之宝,说"千古墨妙,珠璧相联",于是在他居住的养心殿西里间,辟一小室,把这三个书卷储藏在那里,并题室名曰"三希堂",《三希堂法帖》由此而得名。在这三帖中,《快雪时晴帖》和《中秋帖》是唐人钩填的,《伯远帖》是真迹。

《快雪时晴帖》原藏故宫博物院,1933年随同其他古物迁运上海,后又转移川西,抗战胜利后运回南京,后运往台湾。现藏台北故宫博物院。

毛公鼎

【西周晚期　镇馆指数★★★★★】

毛公鼎是西周晚期宣王时（公元前828—前782年）的一件重器，在西周青铜器中具有重要地位。相传于清道光末年，由陕西岐山周原出土。现藏台北故宫博物院。

毛公鼎通高53.8厘米，口径47.9厘米，腹围145厘米。重34 705克。器形作大口，半球状深腹，圆底，下附三兽蹄形足，口沿上竖立形制高大的双耳，整个造型规正洗炼，浑厚而凝重。鼎表面的装饰也十分简洁，只在口沿下的腹上部，饰重环纹带一周，其他部位则不施任何纹饰，比起商代及西周早期的纹饰繁复的青铜器来，显得格外素朴典雅，洋溢着一股清新庄重的气息，似乎从宗教意识中走了出来。毛公鼎的装饰纹样趋向简朴的这种变化，一方面体现了青铜器由发展的峰巅开始回落，另一方面也反映了西周晚期文化思想的变革。早期盛行的具有浓烈神秘色彩的、繁缛富丽的纹样，经历中期阶段被分解和图案化（演变成窃曲纹），失去了原有的整体形象，从而削弱了神话的意味，进入晚期愈益趋向简化，出现了如重环纹这样的简朴图案，重环纹是摘取龙、蛇的鳞甲演化而

台灣省
Tai Wan

【毛公鼎】

来的。简化了的纹样得以流行，使装饰纹样从神的光环中脱出，增强了装饰意味，也多了一点生活气息，这是礼器的宗教意识减退的表现。与纹样向着简朴发展的同时，青铜器上的铭文显著加长了，或者说铸有长篇铭文的青铜器增多了，而且铭文的内容也变得广泛，涉及如祭祀、战争、赏赐、册命、诉讼、土地转让等社会生活的许多方面，这使青铜器不再仅仅只是珍贵的工艺瑰宝，而成为记载着西周时期历史资料的重要文献，这也是西周青铜器的重要价值。

毛公鼎腹内，就铸有铭文32行，计999字，是现存铭文最长的一件青铜器。这篇铭文是一份完整的"册命"，记述了周宣王命其臣毛公之辞。文辞典雅，可以与《尚书》相媲美。铭文的内容首先追述周初文、武二王开国时，君臣相得的清平盛世，接着，以苍怀时艰的语言，指出国家的形势并不宁靖，进而宣布册命毛公以治理邦国内外，及周天子家室内外的重任，并授予毛公以宣示王命的专权，特别申明凡未经毛公同意的王命，毛公可以预告佳工不予执行；继而告诫，勉励毛公不要怠惰，不要阻塞民意，不要鱼肉鳏寡，要忠心辅佐王室；最后为确立毛公的权威，重赏毛公以仪仗、车马、兵器等器物。毛公对此感恩戴德，铸鼎以纪，还要子子孙孙永远宝之。这篇铭文真是皇皇巨著，被誉为"抵得一篇《尚书》"。对于毛公鼎的铸造年代，前人多以为周初器，郭沫若定为宣王时器，他说："铭全体气势颇宏大，涣然存周宗主之风烈，此于宣王之时为宜。"现一般都从郭说。周宣王名静，厉王之子，他即位于周室衰敝之时，拨乱反正，孜孜图治，有中兴之主的赞誉。铭文所记与周王为人正相合。

毛公鼎不仅以铸造精良，铭文长具有重要史料价值著称，而且铭文气势宏伟，结体庄重，笔法端严，线条的质感饱满丰胶，圆而厚，是一篇金文书法的典范。清末著名书法家李瑞清给以极高的评价，说："毛公鼎为周庙堂文字，其文则《尚书》也，学书不学毛公鼎，犹儒生不读《尚书》也。"

散氏盘

【西周　镇馆指数★★★★★】

现藏于台北故宫博物院的散氏盘，与毛公鼎、虢季子白盘并称西周三大青铜器，散氏盘与毛公鼎均以其长篇铭文和精美的书法见称于世。

散氏盘高 20.6 厘米，口径 59.6 厘米，附耳，圈足，腹饰简化的夔龙纹，足部饰兽面纹，花纹精致，平面浮雕，铜质精粹，呈深褐色，为中华文物之宝。盘底刻有铭文 19 行字，因最后的一行有一半已锈蚀不可辨，故实只有 357 字。铭文内容大致是讲关中瓷内的矢、散二国，边界相连，矢人屡次侵犯散国边界，掠夺土地和财物，散人诉之于周王，在周王调解下，矢人不得已，同意以田二区作为对散人的赔偿。铭文中详尽地叙说了这两块田的区域、国界，并由两国共同派官吏勘定后交接，周王派史正（官名）名叫仲农的到场作证。矢人发誓付散人田后，绝不毁约，否则愿照田价付罚金，并传告各国共同断绝与矢人

【散氏盘】

散氏盤

【散氏盤銘文】

的交往。交换完毕,仲农将新界地图交与矢人,并留其左券。散人则把誓约铸为铜盘,以作为永久的证据。我们知道,西周实行的是井田制,土地国有(王有),所谓"普天之下,莫非王土,率土之滨,莫非王臣"。任何人只有使用权,而无所有权,不得买卖,即使是私下交换,也是不允许的。从散氏盘铭中,我们可以看出,在西周中期以后,这种情况已有所变化。首先,诸侯国之间已发生争夺土地的纠纷;其次,土地已可有条件地转让;最后,土地的价值已可以用某种等价物来体现。以上这些情况,在井田制十分完备的情况下是不可能出现的。井田制是西周王权建立的经济基础,井田制的动摇意味着王室的权力已被削弱。因此,散氏盘铭是研究西周中晚期政治、经济制度的一篇重要文献。

据考证,散氏盘是周厉王时期的铸器,王国维并进一步考证,矢国疆界相当于陕西武功一带;散国相当于大散关、大散岭以东及陈仓一带。散氏盘系乾隆中叶出土,具体地点不详,为江南收藏家所得,长期保存在扬州,当时其拓本的售价即已十分高昂。清代著名学者阮元始将此盘定名为"散氏盘",并用翻砂法复制两件,其中一件,清末被人以为是真品卖至国外,其实真器仍在扬州。嘉庆十五年（1810年）冬，当时的两江总督阿毓宝自盐商手中购到此盘，作为庆祝嘉庆帝50寿诞的礼品，入贡内府。历经道、咸、同、光、宣诸朝，因久藏禁中，竟无人知其所在，以至有此盘已毁于圆明园大火的传说。直到1924年3月，逊清内务府为核查养心殿的陈设，才无意中发现此盘仍在库房中，起初还以为是赝品，后以旧拓本对照，方知确属真品无疑。溥仪知道此事后，立刻命人拓片50份，分赠臣僚。第二年，溥仪出宫，盘由故宫博物院接管珍藏。1949年，移至台湾。

商周铭文书体各时期虽有变化，但书法风格大致可分为两类，一类清秀圆润，笔道丰腴；另一类方峭挺拔，苍劲古拙。散氏盘是后一种风格的代表作品，历来为书法家所重，引为范本，以之集联书对，亦成为一时风尚，它在我国书法艺术史上占有重要地位。

宋拓定武兰亭序

【晋　镇馆指数★★★★★】

《定武本兰亭序》卷，宋拓本。纸本，纵27厘米，横

66.7厘米。今藏台北故宫博物院。传刻石为唐欧阳询临写，原立于学士院。

《兰亭序》原为晋王羲之所书其父亲王旷，善隶书。堂伯王导，以行草兼妙，"见贵当世"。叔父王厦"工于草隶飞白"；他的堂兄弟和儿子王献之，侄子王珣、王垠等，都善书法，可谓书法世家。王羲之12岁时，经父亲传授笔法，"语以大纲"，他便能有所悟，又从当时著名书法家卫夫人学习书法，草书学张芝（东汉著名书法家），正书学钟繇（三国魏著名书法家），博采众长，精研体势，改变了汉魏以后质朴的书风，成为妍美流畅，清秀劲健的新体。他的书法特点在点画骨刚劲，起落转折如断金切玉，干净明快，被后世尊为"书圣"。至于对王羲之书法的评论则有：梁武帝萧衍说，"羲之书字势雄逸，如龙跃天门，虎卧凤阁"。李嗣真《书后品》称其正体是"书之圣也"，"若草行杂体，如清风出袖，明月入怀"，是"草之圣也"。《唐人书评》具体分析其书法说："羲之如壮士拔剑，奎水绝流，头上安点，如高峰坠石；作一横画，如千里阵云；捺一堰波，若风雷震骇；作一竖划，如万岁枯藤；立一倚竿，若虎卧凤阁；自上揭竿，如龙跃天门。"唐太宗李世民对王羲之的书法，简直是佩服得五体投地，称赞

【宋拓定武兰亭序】

台湾省 Tai Wan

其书法"点曳之工,裁成之妙",到了"尽善尽美"的地步,并且收集羲之佳作,作为欣赏和学习的范本。传说为了取得《兰亭序》帖,太宗曾派御史萧翼、向僧辩才骗取。就这样,王羲之的书迹大量集中到唐的宫苑之内。据张彦远《书要录》记载,皇宫收藏王羲之的真迹,有3 600纸。李世民还曾亲撰《王羲之传论》。当他得到王羲之的《兰亭序》墨迹后,便命臣子赵模、韩道政、冯承素、诸葛贞等四人响拓数本,遍赐太子、诸王、近臣。待他驾崩时,"兰亭茧纸入昭陵"陪葬。《五代史·温韬传》载,温韬曾盗掘昭陵,看见陵内"宫室制度宏丽,不异人间,中为正寝,东西厢列石床,床上石函,中为铁匣,悉藏前世书画,钟王笔迹,纸墨如新"。可以佐证,昭陵内确实埋藏有李世民喜爱的王羲之的墨迹。唐高宗李治也酷爱书法,尤喜王书,生前善搜集,死后尽皆陪葬而去(见乾陵述圣记碑文)。

时至今日,王羲之的真迹在地面上已不可得见,宋《宣和书谱》记,内府藏243种。现在,王羲之的书法,靠《淳化阁帖》、《降帖》、《汝帖》、《宝晋斋法帖》等保留下来的存世墨迹,仅20余件,且均为后人摹本。唐人双钩,填墨本领极高,可谓,"下真迹一等",仍不失为书法珍品。

《兰亭序》也叫《禊帖》,是叙述东晋穆帝永和九年(353)的三月三日,王羲之与一班文友及亲族谢安、孙绰等41人,在山阴(今浙江绍兴)集会修禊(临水消灾的礼俗),饮酒赋诗,王羲之为此作序,并乘兴书之。帖有28行,计324字,乃王羲之的得意杰作,书法之妙,素有"天下第一行书"的佳称,备受历代书法家的推崇。其真迹原保存在羲之七世孙僧人智永手中,后为唐太宗李世民所得,死后殉葬昭陵。唯当时有欧阳询、虞世南、褚遂良、冯承素等大书法家奉旨临写,又有宫中御用的拓书人赵模、韩道政等拓摹者留传于世。

今行世拓本有《神尤本兰亭序》、《定武本兰亭序》等。《定武本兰亭序》是太宗李世民在世时，曾选临摹最好的欧阳询临本刻石于宫中。至五代石晋乱时，耶律德击败石晋，持此石刻携往北方，弃于杀虎林（真定山中）。宋庆历年间（1041—1048年），李学究获得此石，后归宋祁（景文）所藏，熙宁年间（1068—1077年），薛响（师正）为定武太守时，因求拓者与日俱多，遂另刻一石，又因出定武，故称《宋拓定武兰亭序》。宋大观年入御府，置于宣和殿，南渡后即下落不明。

《宋拓定武兰亭序》字体结构精巧，章法完美，盖雄秀之气，出于天然，因此，古今学习者，多以兰亭为师法，此帖重刻拓本甚多，有"五字损本"与未损本之别，所损者为"湍、流、瑛、带、天"5字，系宋薛绍彭以新刊旧石所镌损。

参考文献

中国历史博物馆　中国通史陈列．北京：朝华出版社，1998．

彭林　文物精品与文化中国十五讲．北京：北京大学出版社，2002．

首都博物馆　中国记忆：五千年文明瑰宝．北京：文物出版社，2008．

国家文物局，意大利文化遗产与艺术活动部　秦汉罗马文明展．北京：文物出版社，2009．

苏士澍等　大圣遗音．北京：文物出版社，2006．

梁白泉　国宝大观．上海：上海文化出版社，1996．

马承源　中国青铜器全集．北京：文物出版社，1996．

湖北省博物馆　湖北出土文物精粹．北京：文物出版社，2006．

南京博物院　商代遗珍：江西新干大洋洲出土文物精品.北京：文物出版社，2010.

西汉南越王博物馆　西汉南越王博物馆珍品图录.北京：文物出版社，2007.

故宫博物院　文艺绍兴：南宋艺术与文化特展图录.2010.

中国国家博物馆中国文物交流中心中华世纪坛艺术馆　世纪国宝Ⅱ.北京：三联书店，2005.

内 容 简 介

本书是博物馆之旅系列图书"镇馆之宝"的分册——中南及台湾地区卷,按照本套丛书致力于打造大众的第一本博物馆旅游书的主旨进行编写。本书中,作者把河南省、湖北省、湖南省、江西省、广东省、广西壮族自治区、海南省、台湾省等省市的博物馆珍藏文物进行分类分级整理,整理过程中兼顾博物馆的级别及文物本身的特色,书中涉及省级博物馆及极富地方特色的地市级博物馆。作者在各级博物馆中精心挑选出镇馆之宝,对镇馆之宝选择的标准就是文物本身要代表我国古代文明最高水准或可体现当地文化发展特色。

本书涉及的区域历史悠久,地域特色浓厚,馆藏文物代表了所涉及区域的历史文化发展进程,亦或代表了该区域的最高文化水平,是读者了解区域文化,走近博物馆的入门书籍。

图书在版编目(CIP)数据

中南及台湾地区博物馆镇馆之宝 / 丁尧编著. —北京:北京大学出版社,2013.9
ISBN 978-7-301-22695-7

Ⅰ.①中… Ⅱ.①丁… Ⅲ.博物馆—文物—介绍—中南地区
②博物馆—文物—介绍—台湾省 Ⅳ.①K872

中国版本图书馆 CIP 数据核字(2013)第139567号

书　　　　名:	中南及台湾地区博物馆镇馆之宝
著作责任者:	丁　尧　编著
责 任 编 辑:	张亚丽
标 准 书 号:	ISBN 978-7-301-22695-7/K·0965
出 版 发 行:	北京大学出版社
地　　　　址:	北京市海淀区成府路 205 号 100871
网　　　　址:	http://www.pup.cn　　　新浪官方微博:@北京大学出版社
电 子 信 箱:	pup_6@163.com
电　　　　话:	邮购部 62752015　发行部 62750672　编辑部 62750667　出版部 62754962
印 　刷　 者:	北京大学印刷厂
经 　销 　者:	新华书店
	880mm×1230mm　　32 开本　　7.625 印张　　220 千字
	2013年9月第1版　　2013年9月第1次印刷
定　　　　价:	33.00 元

未经许可,不得以任何方式复制或抄袭本书之部分或全部内容。

版权所有,侵权必究
举报电话: 010-62752024　 电子信箱:fd@pup.pku.edu.cn